MANCHE
ERALE DE BRETAGNE
LIEUTENANCE GEN. DU COMTE NANTOIS
LE MAINE
ASCOGNE
POITOU
EVECHE DE DOL
EVECHE DE S. MALO
EVECHE DE RENNES
EVECHE DE NANTES
EVECHE DE VANNES
RENNES Comté
NANTES Comté
DOL
DINAN
S. MALO
AVRANCHES
Embouchure de la Riviere de Loire
AVERTISSEMENT
L'on trouvera les pincipales Divisions
Geographiques de la BRETAGNE
dans le Livre de la Description
du Royaume de France etc. par le
S.r Tillemon imprimé a Paris chez Nolin

Bildnachweis

Cover: Côte de Granit Rose © Hervé Champollion
Seite 133: Ehrenversammlung der Bigoudens in Pont-l'Abbé

Slide/Busch: 20/21, 28/29, 30/31, 68/69, 72/73, 88/89, 108/109
Slide/Chillmaid: 6/7
Slide/Dune: 106/107
Slide/Perrin: 19
Slide/Pinheira: 15, 37, 79, 86/87
Slide/Repérant: 98/99
Slide/Roignant: 11,23,40/41, 44/45, 46/47, 48/49, 51, 59, 64/65, 66/67, 94/95, 102/103, 133, 136
Slide/Saudade: 43
Slide/Sénolf: 13, 56/57, 76/77, 80/81, 110/111
Editions Jos Le Doaré: 2/3, 32/33, 35, 38/39, 53, 54/55, 60/61, 62, 70/71, 75, 82/83, 84/85, 91, 92/93, 96/97, 100/101, 104/105, 134/135
Bibliothèque Nationale de France: 17, 24/25, 26, 27
Collection d'Aste-Surcouf: 112, 129

Originaltitel: Splendeurs de la Bretagne
Texte: Suzanne Madon
Mitarbeit: F. B.

Übersetzung aus dem Französischen: Wiebke Krabbe, Damlos
Redaktion: Das Redaktionsbüro, Köln
Satz: ce redaktionsbüro für digitales publizieren, Erkelenz
Gesamtherstellung:
KOMET MA-Service und Verlagsgesellschaft mbH, Frechen

ISBN 3-89836-201-9

BRETAGNE
DIE WILDE SCHÖNHEIT

Suzanne Madon

Vorwort
Solange d'Aste-Surcouf

Originalgemälde
von
Dan Lailler
Ehren-Restaurator
der Museen von Saint-Malo

KOMET

BRETAGNE
DIE WILDE SCHÖNHEIT

VORWORT

BRO GOZ MA ZADOU
Altes Land meiner Vorfahren

Früher einmal nannte man die Bretagne Armorika, das Land vom Meer. Schon der Name dieser wunderschönen Halbinsel spricht Geist und Fantasie an. Darin liegt das Donnern des Meeres, das seinen gewaltigen Zorn bei Ouessant, Molène oder an der Pointe du Raz entlädt ... Doch kann dieses Meer am Fuß der Felsen auch eine bezaubernde Sanftheit besitzen, eine Stille, die nur durch den Klang des bretonischen Dudelsacks gestört wird. Manchmal schallt er so klar über die Bucht von Douarnenez, dass manche meinen, die Glocken der versunkenen Stadt Ys zu hören.

Denken wir auch an den berühmten König Artus und seine Suche nach dem Heiligen Gral. Peredur le Gallois, den man in Frankreich Perceval und in Deutschland Parsival nennt, gelang es, bis zum Schloss Mont-Salvant vorzudringen. Doch der Ruhm währte nicht lange. Die Sachsen nahmen den Krieg wieder auf und die Bretonen unterlagen in einer letzten Schlacht. Tödlich verletzt wurde Artus von seiner Schwester, der Fee Morgane, in eine tiefe Höhle gebracht, wo sich seine Ritter und sein Ratgeber Merlin um ihn versammelten. Kaiser Maximilian von Österreich, dem die Herzogin Anne de Bretagne schon als kleines Mädchen zur Frau versprochen war, wollte, dass man auf seinem Grab in Innsbruck eine Statue von König Artus aufstellte.

Primauguet, Cartier, Duguqay-Trouin, die Brüder Lamennais – von denen einer selig gesprochen, der andere wegen »demokratischem Humanitarisums« exkommuniziert wurde – Botrel, Chateaubriand, Le Braz, Le Goffic, Mathurin Méheut, Armel Beaufils, Broussais, Laennec, die Dichter Tiercelin und Lemercier d'Erm ... so viele berühmte Namen, dass man sie gar nicht alle aufzählen kann. Reeder und Seefahrer, Schriftsteller, Maler, Bildhauer, Ärzte und ... Korsaren. Sie alle haben im Land von Arvor gelebt.

Dieses Land der Sagen ist auch ein Land der Helden. Der Mut der bretonischen Soldaten wird für immer mit dem Ersten Weltkrieg verknüpft bleiben. Im äußersten Osten Frankreichs ließen 240 000 Soldaten bretonischer Herkunft ihr Leben in den Schlachten an der Marne, der Somme und in Verdun sowie in l'Yser, wo bretonische Seeleute unter dem Kommando von Admiral Ronarc'h kämpften.

Von all diesen bekannten und anonymen Bretonen, die ihre Spur in der Geschichte hinterlassen haben, will ich vor allen Robert Surcouf nennen. Den größten ihrer Korsaren verdankt die Bretagne möglicherweise einer Brautwerbung. Um Marie-Caterine Blaize de Maisonneuve, die Tochter des größten Reeders der Bretagne, zur Frau zu gewinnen, musste der junge Surcouf sich beweisen. Er wurde zum berühmtesten und reichsten Piraten und tat sich schließlich mit seinem Schwager Maisonneuve zusammen. Der Mann, dessen legendärer Schneid ihm den Beinamen »König der Freibeuter« eintrug, schaffte es, die größte Flotte der Welt zusammenzustellen – eine Flotte, die jeder Seemann als »la perfide Albion« kannte. Ich bin stolz, seine Urgroßenkelin zu sein.

»Sankt Yves von Arvor,
Yves der Wahrheit
und der Hoffnung zur Sonnenwende eines ewigen Sommers«
Lemercier d'Erm

Solange d'ASTE-SURCOUF
Vizepräsidentin der Ehrenvereinigung der Nachkommen der Korsaren

INHALT

HISTORISCHER ABRISS

Megalithen und frühe Kelten

»Wir sind Kelten, wir sind verrückt.« Man hört in diesem Satz von ***Pierre-Jakez Hélias*** einen gewissen Stolz – den Stolz, etwas Besonderes zu sein, in einer Welt mit eigenen Regeln zu leben und ein Stück einer geheimnisvollen, Neugier weckenden Kultur zu bewahren. Geheimnisvolles findet man überall in der Bretagne, und vieles reicht so weit zurück, dass sich Mythos und Realität vermischen. Die Bretagne hat eine wechselvolle Geschichte. Die Region hat Zeiten der Veränderungen und der Rückschläge erlebt und wurde von Menschen geprägt, die mal übers Meer und mal vom Land her kamen. Die verschiedenen Kulturen, die Einfluss genommen haben, lassen sich kaum nennen, doch wollen wir hier an einige große historische Epochen und an Personen erinnern, die im Lauf der Zeit für die Bretagne bedeutsam waren.

Schon seit dem Paläolithikum lebten in Armorika Gruppen von Jägern und Fischern. Im 4. bis 3. Jahrtausend v. Chr. siedelten sich hier die Errichter der Megalithen an. Sie waren über das Meer von der Iberischen Halbinsel gekommen und besetzten zunächst einige Inseln und Küstenorte an der Côte du Morbihan. Später drangen sie ins Landesinnere vor, um Ackerbau zu betreiben. Am Ende des Neolithikums bevölkerten sie die gesamte Halbinsel. Schon in der Bronzezeit trieben die Bewohner Armorikas Handel mit anderen Völkern und untersuchten eingehend die Gesteinsvorkommen im Vilaine-Becken.

Die ersten keltischen Siedlungen entstanden etwa um die Mitte des 5. Jahrhunderts v. Chr. und dehnten sich in den beiden folgenden Jahrhunderten beträchtlich aus. Zu ihrer Blütezeit basierte die Zivilisation der Kelten, die weite Teile Mitteleuropas bewohnten, auf der Kunst der Eisenverarbeitung. Wir verdanken ihnen unter anderem die Erfindung des Wellenbrechers, des Scheibenpfluges und des Fasses. Fünf Volksgruppen teilten sich Armorika: die Osismen im Westen um Carhaix, die Veneten im Süden um Vannes, die Namneten um Nantes, die Coriosoliten im Nordwesten um Corseul und die Riedonen um Rennes. Die keltische Kunst hatte großen Einfluss auf die bretonische Symbolgrafik: Das Zeichen aus spiralförmigen Linien, das einen Teil des bretonischen Emblems bildet, geht direkt auf die geometrisch inspirierte, keltische Ornamentik zurück. In dieser Gesellschaft spielten die Druiden eine bedeutende Rolle. Sie waren vor allem spirituelle Führer und Mittler zwischen den Menschen und den okkulten Mächten, aber auch Ärzte, Richter, Berater und militärische Führer.

La Bosse du Mariage

Mit seinen 12 Metern Höhe und einem geschätzten Gewicht von 100 Tonnen ist der Menhir von Kerloas in Plouarzel eines der beeindruckendsten Megalith-Denkmäler, die noch heute in der Bretagne zu sehen sind. Diese Megalithen haben vor allem seit dem 18. Jahrhundert die Gedanken der Menschen beschäftigt, als sich die Romantiker von geheimnisumwitterten Plätzen besonders angezogen fühlten. Die Vermutung, dass dieser ungewöhnlich große Menhir auf ein in der Nähe gelegenes Mineralvorkommen hinweist, gehört zu den rationaleren Hypothesen. Doch werden all die Interpretationsversuche, die wissenschaftlichen ebenso wie die mystischen, ungeklärt bleiben, weil die Kultur, die diese Stätten geschaffen hat, keine Schlüssel zu ihrer Erklärung liefert. So wird das Geheimnis der Megalithen für immer bestehen bleiben.

Gallier und Römer

Im Jahre 57 v. Chr. dehnten die Römer ihre Eroberungszüge bis nach Armorika aus, doch das Unterfangen erwies sich als schwierig. ***Julius Cäsar*** vermerkt in seinem *Gallischen Krieg*: »Fast alle Orte dieser Gegend waren auf den äußersten Spitzen von Landzungen oder auf Felsvorsprüngen gelegen und boten bei Flut nicht einmal Fußgängern Zugang. Bei Ebbe dagegen waren sie mit Booten nicht zu erreichen, weil diese im flachen Wasser auf Grund liefen.« Im gleichen Text erweist Cäsar den Veneten seine Ehrerbietung, die »alle anderen Völker in der Kunst und Erfahrung der Seefahrt übertrafen. Sie besaßen übrigens an diesem großen, gewaltigen und stürmischen Meer die kleine Zahl der dort vorhandenen Häfen und erhielten Tribut von nahezu allen, die gewöhnlich diese Gewässer befuhren.«

Tatsächlich waren die Veneten, deren Erfolg vor allem auf dem Handel beruhte, kriegerische Seefahrer. Als sie aber im Jahre 56 v. Chr. die römische Flotte angriffen, büßten ihre schweren Schiffe durch eine Flaute an Kampfkraft ein und unterlagen den Römern in der Nähe des heutigen Ortes Port-Navalo. Nun wurde Armorika an die gallo-römische Provinz um Lyon angegliedert. Der Bau der öffentlichen Einrichtungen in den neuen Siedlungen folgte römischem Vorbild. Das

Verkehrsnetz wurde erweitert, Landwirtschaft und Handel entwickelten sich, während sich die Bevölkerung des Landes mehr recht als schlecht an die Sitten der römischen Besatzer anpasste. Sie waren weit davon entfernt, ihre eigene Identität aufzugeben, und vermischten ihre Traditionen und religiösen Gebräuche mit denen, die ihnen von den Römern aufgezwungen wurden.

Am Ende des 3. Jahrhunderts konnten die Römer den wiederholten Überfällen der Sachsen und Franken nicht länger Stand halten. Sie zogen ab, das Land leerte sich und die wirtschaftliche Organisation zerfiel. Im 5. Jahrhundert waren schließlich alle Römer aus Armorika verschwunden.

Die bretonischen Kelten

Zur gleichen Zeit trafen von jenseits des englischen Kanals die Menschen ein, die der Bretagne ihren heutigen Namen gaben und die von den britischen Inseln durch die Schotten, Angeln und Sachsen vertrieben worden waren. Im Laufe von zwei Jahrhunderten folgen Wellen von Einwanderern aus Gallien, Cornwall und Devon, die meist von Kriegern oder Mönchen angeführt wurden. Die Kelten aus Britannien, deren Kultur und Mythologie von den Römern weitgehend unangetastet geblieben war, verbreiteten ihren Glauben. Sie gründeten die ersten Klöster auf bretonischem Boden. Mit ihrer Ausbreitung nahmen sie auch erheblichen Einfluss auf die Sprache. Ortsnamen-Bestandteile wie »plou«, »pleu«, »ploe« und »tré« deuten auf die Gründung einer Pfarrgemeinde hin, »gui« und »lann« kennzeichnen die Orte anderer religiöser Gemeinschaften oder Einsiedeleien. Viele Orte wie Saint-Brieuc, Saint-Malo oder Saint-Gildas sind nach religiösen Führern benannt worden.

Die Beziehungen zwischen den Franken und den Bretonen waren von Konflikten geprägt. Während sich bei den Bretonen die Regierungsautorität auf verschiedene Personen und Sippen verteilte, wollten die Karolinger diese seit ihrer Machtergreifung übernehmen. Zu diesem Zweck schufen sie die »Marche de Bretagne«, eine Grenzzone, die die Herzogtümer Nantes, Rennes und Vannes umfasste und ***Roland***, einem Neffen ***Karls des Großen***, unterstellt war. 799 meinte ***Karl der Große***, die Bretagne unterworfen zu haben, doch waren noch mehrere Feldzüge nötig, um seine Macht in den folgenden Jahren zu behaupten.

Die Göttin von Menez-Hom

Dieses Gesicht einer keltischen Göttin, zu sehen im Museum von Rennes, stammt aus dem 1. Jahrhundert n. Chr. Zu dieser Zeit eroberten die Römer die Bretagne, die davor unter fünf keltischen Volksgruppen aufgeteilt war, die schon vor Jahrhunderten aus Zentraleuropa hierher gezogen waren. Im Laufe des 5. Jahrhunderts zogen die Römer ab und es folgte eine zweite keltische Invasion, diesmal von der Insel Britannien jenseits des englischen Kanals. Durch diese Einwanderer kam die Bretagne zu ihrem heutigen Namen.

Die Herzöge der Bretagne

Um 830 verlieh ***Ludwig der Fromme*** dem Bretonen ***Nominoé*** den Titel des Herzogs von Vannes und des *missus imperatoris*. Wenig später brach ***Nominoé*** mit den Karolingern. Bei Redon besiegte er die Truppen ***Karls des Kahlen***, der inzwischen König geworden war, und veranlasste ihn 845 zur Unterzeichnung eines Friedensvertrages. ***Erispoé***, der Sohn ***Nominoés***, führte als erster den Titel des Königs der Bretagne. Er war jedoch, ebenso wie die Könige von Aquitanien und der Provence, Vasall des französischen Königs. Nur wenige Jahre später wurde ***Erispoé*** von ***Salomon***, einem seiner Cousins, ermordet. Dieser gliederte das Cotentin an die bretonischen Gebiete an.

Nach einer Zeit der Auseinandersetzungen mit den fränkischen Herrschern verpflichtete sich ***Salomon***, der inzwischen König der Bretagne geworden war, die Küsten gegen Einfälle der Normannen zu verteidigen. Mit seinem Tod im Jahre 874 begann eine Phase der Reibereien zwischen seinen Nachfolgern. Der dritte und letzte bretonische König war ***Alain***, der bis zum Beginn des 10. Jahrhunderts regierte.

Nach seinem Tod fielen wiederholt normannische Krieger in die Bretagne ein, was die Flucht der Gläubigen zur Folge hatte. Auch zahlreiche weltliche Persönlichkeiten wählten das Exil, unter ihnen der Enkel ***Alains***, der den Beinamen ***Barbetorte*** trug. Als dieser einige Jahre später zurückkehrte, gelang es ihm zwischen 937 und 939, die Normannen zurückzudrängen. Das Ende seiner Regentschaft im Jahre 952 war wiederum der Beginn einer Phase der Verwirrungen. ***Barbetorte*** hinterließ keinen rechtmäßigen Erben, so dauerten die Streitigkeiten und Intrigen um die Thronfolge bis zum 12. Jahrhundert an. Die Herzöge von Rennes und Nantes stritten um die Herrschaft über die Bretagne, und jeder von ihnen führte mächtige Alliierte ins Feld – das Herrscherhaus der Normandie auf der einen, das Haus Anjou auf der anderen Seite. Währenddessen wuchs gegen Ende des 10. Jahrhunderts die Bevölkerung erheblich an. Es herrschte Aufbruchstimmung, der Bau von Siedlungen, Kapellen und Kirchen verdoppelte sich. Um diese Zeit entstanden viele Orte, deren Namen die Silben »loc« oder »ker« enthalten.

Während der Epochen von ***Henri II. Plantagenêt*** und später ***Richard Löwenherz*** unterstand die Bretagne anglo-normannischen Herrschern.

In der Folge fiel sie mit ***Philipp II. August*** an die Kapetinger. Dieser entschloss sich, die Enkelin von ***Conan IV.***, dem letzten Herzog der Bretagne, mit ***Pierre de Dreux*** zu verheiraten, einem Prinzen aus dem königlichen Haus. ***Pierre de Dreux***, der auch ***Mauclerc*** genannt wurde, gelang es, das Land unter seiner Herrschaft vorübergehend zu einen. Seine Nachfolger versuchten, sein Bestreben fortzuführen. So erlebte die Bretagne zwischen 1237 und 1341 eine Zeit gewisser Ruhe. 1297 wurde den Herzögen der Bretagne der Titel »Pairs du Royaume« verliehen.

Als Herzog ***Jean III.*** im Jahre 1341 starb, war das Schicksal der Bretagne ungewiss. Zu dieser Zeit tobte der Hundertjährige Krieg, und zwei Anwärter auf den bretonischen Herzogsthron stritten um die Macht: ***Jean de Montfort***, der Halbbruder des verstorbenen Herzogs, und ***Charles de Blois***, der Ehemann von dessen Nichte und zugleich ein Neffe des französischen Königs. ***Blois*** hatte ***Du Guesclin*** auf seiner Seite, zudem konnte er sich der Unterstützung seines Onkels ***Philipp VI.*** gewiss sein. ***Montfort*** dagegen suchte die Hilfe des englischen Königs. Die Krise dauerte 23 Jahre an und endete schließlich mit einem Sieg ***Jeans IV. de Montfort*** im Jahre 1364. Unter dem Druck der Bevölkerung musste ***Jean IV.*** sein Bündnis mit dem englischen König lösen und 1381 durch den Vertrag von Guérande dem französischen König Treue schwören. Sein Sohn regierte fast ein halbes Jahrhundert lang (1399–1442). Während dieser Zeit erlebten Zivilisation und Kunst der Bretagne einen Aufschwung, der noch weit über seinen Tod hinaus anhielt. Aus den zahlreichen Kriegen sind viele Festungen bis heute erhalten geblieben.

Das Mittelalter

Im späten Mittelalter verschärften sich unter dem zusätzlichen Einfluss der Beziehungen zu England die Konflikte zwischen dem französischen Königshaus und den Herzögen der Bretagne. Neben dem Hundertjährigen Krieg herrschten in der Bretagne auch noch Auseinandersetzungen um die Thronfolge. Die Partisanen von Charles de Blois, unterstützt von den Franzosen, lieferten sich einen gnadenlosen Krieg mit den Anhängern Jean de Montforts, der Beistand von den Engländern erhielt. Allerdings begann gegen Ende des 16. Jahrhunderts eine Phase künstlerischer Erneuerung, geprägt durch den Bau von Schlössern, Kirchen und Kapellen, unter denen sich die schönsten Exemplare mittelalterlicher Architektur befinden.

Anbindung an Frankreich

1488 trat ***Anne de Bretagne*** die Nachfolge ihres Vaters, Herzog ***François II.***, an. Er war ein begeisterter Verfechter der bretonischen Unabhängigkeit gewesen und hatte einen »verrückten Krieg« gegen die Truppen des französischen Königs ***Charles III.*** geführt. Bald nach seiner Niederlage bei Saint-Aubin-du-Cormier verschwand er. Seine Tochter Anne, die damals zwölf Jahre alt war, ist sicherlich eine der bedeutendsten Figuren der bretonischen Geschichte. Ursprünglich war sie dem Erzherzog ***Maximilian von Österreich*** zur Frau versprochen, doch dann entschloss sie sich, 1491 ***Charles VIII.*** zu heiraten und dabei ihren Titel als Herzogin der Bretagne zu behalten. Acht Jahre später kam ***Charles*** auf brutale Weise ums Leben und ***Anne*** heiratete, wie es in ihrem Ehevertrag vorgesehen war, seinen Nachfolger ***Louis XII.*** Noch immer war das Herzogtum offiziell ein Teil des französischen Königreiches. Nach ***Annes*** Tod im Jahre 1514 erbte ihre Tochter ***Claude*** den Titel. Im folgenden Jahr wiederum verschwand ***Louis XII.*** und der Thron fiel an ***Claudes*** Ehemann ***François de Angoulême,*** den späteren ***François I.*** Auf Forderung der bretonischen Ständeversammlung in Vannes wurde 1532 die Bretagne, die bereits eng an Frankreich angebunden war, endgültig fester mit dem Mutterland verknüpft. Fünfzehn Jahre später waren die Herzöge der Bretagne für immer verschwunden.

Durch die Entwicklung der Landwirtschaft und des Bauwesens stieg der Wohlstand der Region, die zudem wichtige Rohstoffe wie Flachs, Hanf und Eisen zu bieten hatte. Die Tuchherstellung förderte den Reichtum der Landbevölkerung, aber auch den der exportorientierten Häfen. In Guérande und Bourgneuf blühte der Handel mit Salz. Auch Ozeanfahrer machten sich von der Bretagne aus auf den Weg, unter ihnen ***Jacques Cartier***, der 1534 den St.-Lorenz-Strom entdeckte.

Von der Liga zu den Chouans

Wenngleich der Protestantismus in der Bretagne nicht recht Fuß fassen konnte, hatte die Region doch während der Gegenreformation unter den Kriegen der Liga zu leiden. Im Jahre 1588 erhob sie sich gegen einen Gouverneur, der von ***Henri III.***, dem ***Herzog von Mercœur*** eingesetzt war. Mit Unterstützung der Spanier nahmen die Ligisten Nantes als Stützpunkt, um die Partisanen ***Henris IV.*** anzugreifen. Dieser wiederum erhielt Unterstützung der Engländer, die sich hauptsächlich auf Rennes und Brest konzentrierten. 1598 beruhigte sich die Lage, nachdem ***Henri IV.*** das Edikt von Nantes unterzeichnet hatte.

Die erste Hälfte des 17. Jahrhunderts war vor allem eine Phase der Entwicklung. Der Dorschfang sorgte dafür, dass Saint-Malo der führende französische Hafen wurde. ***Richelieu*** förderte eine aktive Marinepolitik, in deren Folge Brest und der Hafen von Lorient ausgebaut wurden. Am Ende des Jahrhunderts erlebte die Bretagne jedoch erneut eine schwere Krise.

Je me suy souffert a parler & remettre a avant une aultre haulte & noble emprise qui se fist en celle saison des chevalliers de france & dangleterre & dautre pays oultre mer au royaume de barbarie. Sy ne le vueil je pas oublier ne laissier derriere. Mais pour ce que iavoie encommenchie a parler des armes faittes a saint inglevert si comme il est cy dessus contenu je les ay voulu poursieuir. Et puis que je les ay conclu je me remettray aux autres nouvelles et men raffreschiray. Car telz choses a dire & mettre avant me sont grandement plaisantes et se plaisance ne meuist inclinee a dicter & a lenquerre je nen fusse ja venus a chief. Or dist le texte de mon proces sur lequel je vueil proceder que en celle saiso[n] nouvelles sespardirent en franc[e] & en pluiseurs pays que les genevois vouloient faire une armee pour aler en barbarie et de eulx

1675 fand der Aufstand gegen das »Papier timbré« (Stempelpapier) statt, dem sich Städter wie Landbevölkerung der Bretagne anschlossen. Obwohl im ganzen Norden Frankreichs eine Hungersnot herrschte, erhob ***Colbert*** weitere Steuern, selbst auf Tabak und Zinngeschirr. Die Wut der einfachen Leute, »Bonnets Rouges« genannt, fand Ausdruck in Brandstiftungen und Attentaten. Die Regierung reagierte darauf mit verstärkter Unterdrückung. Während dieser Zeit erlebte die Region unter der Führung der Geistlichen ***Le Nobletz*** und ***Maunoir*** eine weitere Vertiefung der Religiosität.

Die wirtschaftlichen Schwierigkeiten dauerten bis ins 18. Jahrhundert an. Am Ende des 17. Jahrhunderts war durch den Krieg der Liga von Augsburg der Handel mit England zum Stillstand gekommen. Weil kein Tuch mehr ausgeführt werden konnte, geriet die Wirtschaft in eine Krise. Missernten und steigende Arbeitslosigkeit sorgten dafür, dass die Situation immer angespannter wurde. Wohlstand herrschte lediglich in Lorient sowie in Nantes, wo die Reeder große Gewinne machten.

Mit dem Tod ***Ludwigs XIV.*** brachen auch die Unruhen in der Bretagne wieder aus. Immer größer wurde die Kluft zwischen Städten und Land, zwischen wenigen reichen Familien und einer arbeitsamen, aber armen Bevölkerung, zwischen königlicher Macht und örtlicher Verwaltung. 1717 versuchte der ***Marquis de Pontcallec*** einen Aufstand gegen die königliche Autorität, 1764 fand in Rennes ein zweiter statt: die Affäre ***Le Chalotais***.

Wenige Jahre später fanden die Aufständischen unter den Bretonen aktive Partisanen für ihre Sache. Die Unruhen erlebten ihren Höhepunkt zur Ständeversammlung in Rennes im Januar 1789. Um die Vertreter der Bretonen bei den Generalständen bildete sich der Club der Jakobiner, und zu den führenden Persönlichkeiten der Revolution zählte der in Carhaix geborene ***La Tour d'Auvergne***. Dennoch ergab sich die Bretagne, in der noch immer die Priester einen großen Einfluss besaßen, nicht so leicht ihrem Schicksal. Die Mehrheit der Bretonen weigerte sich, die neuen, vom Klerus beeinflussten Gesetze zu akzeptieren, und musste darum eine Phase schwerer Unterdrückung hinnehmen. Als 1793 die Republik die Aushebung von 300 000 Männern anordnete, schlossen sich die Bretonen mit Bürgern der Vendée zum Aufstand der »Chouannerie« zusammen. An diesem Ereignis nahm auch ***Caduoudal*** Teil. In diesen Zusammenhang gehört die berühmte Episode von Nantes, wo 1795 ***Carrier***, der Vertreter der Regierung, das Ertränken der Gefangenen in der Loire und ihre »Entladung« in Quiberon anordnete. Die Aufständischen wurden rasch von den republikanischen Truppen besiegt. Zwar waren die Verluste der Bretonen geringer als die der Vendée, doch trug dieses Ereignis zu einer weiteren Verschärfung der wirtschaftlichen Situation bei.

Die Revolution der Eisenbahn

Beginnend mit der zweiten Hälfte des 19. Jahrhunderts erlebte die Bretagne eine deutliche Wende. Das Straßennetz, das bislang an Dichte und Qualität zu wünschen übrig gelassen hatte, wurde intensiv ausgebaut. Handel und Reisen wurden vereinfacht. Daneben sorgte die Einführung der Eisenbahn dafür, dass Städte und Dörfer besser erreichbar waren. Der Tourismus nahm seinen Anfang, die Seebäder zählten zahlreiche Besucher und die bretonische Folklore gewann an Beliebtheit. Seit dem Ende des 19. Jahrhunderts erlebten die eleganten Badeorte nach englischem Vorbild einen großen Zustrom, der während des ganzen 20. Jahrhunderts anhielt. Maler und andere Künstler kamen, um sich von der Landschaft, der Musik und den Legenden der Bretagne inspirieren zu lassen.

Das 19. Jahrhundert

Die Truppenaushebungen für die napoleonischen Kriege trugen wiederum ihren Teil zur Verhärtung der Beziehungen zwischen den Bretonen und dem Kaiserreich bei. Andererseits drang ***Napoleon*** kaum in die Bretagne vor, er ließ lediglich einen Kanal zwischen Brest und Nantes bauen. Durch die industrielle Revolution und die Mechanisierung der Arbeit im 19. Jahrhundert erlebte die Textilindustrie, die ein wichtiger Pfeiler der bretonischen Wirtschaft war, einen weiteren Niedergang. Große Teile der Bevölkerung verarmten, viele mussten betteln. Die Landwirtschaft dagegen entwickelte sich günstiger. Man machte zusätzliche Flächen urbar, und mit dem zunehmenden Anbau von Kartoffeln fand sich ein neues Grundnahrungsmittel. Ein wachsendes Verkehrsnetz aus Eisenbahn, Straßen und Kanälen vereinfachte den Transport von Frischgütern. So ist die Bretagne seit dem Ende des 19. Jahrhunderts vor allem eine landwirtschaftliche Region. Genossenschaften, Einkaufsgemeinschaften und andere landwirtschaftliche Vereinigungen wurden gegründet.

Auch die Häfen erlebten einen Aufschwung. So wurde 1857 der Hafen von Saint-Nazaire gebaut, dessen Werften vor allem Schiffe aus Eisen produzierten. An der südlichen Küste der Bretagne entstand ein ganz neuer Industriezweig: die Produktion von Fischkonserven, von der wiederum die Metall verarbeitende Industrie profitierte. Die Fischer aus der Region um Groix begannen mit dem Fang von Tunfisch, und ihre Nachbarn taten es ihnen bald nach.

Zu dieser Zeit entstanden verschiedene regionale, kulturelle und politische Bewegungen. Gleichzeitig büßte die Kirche nicht an Einfluss ein. Der »Recteur« wachte über seine Gemeinde, man schmückte Kirchen und Kapellen, Pilgerfahrten gewannen an Beliebtheit. Zu dieser Zeit erwachte auch das Interesse an der Erhaltung der bretonischen Sprache. Vielleicht rührte dieses Interesse daher, dass die französische Sprache zunehmend an Boden gewann. Zwischen 1833 und 1838 trug ***Théodore de La Villemarqué*** das *Barzac Breiz* zusammen, eine Sammlung beliebter bretonischer Lieder.

CHEMINS de FER de L'OUEST
AFFICHE A N'APPOSER QUE DA
GARES OU BUREAUX DE VILLE
GÉRÉS DIRECTEMENT PAR LES AGENTS
DE LA COMPAGNIE
Voyages à Prix Réduits
BAINS DE MER
llets valables 3,4,10 ou 33 jours
ces derniers prolongeables
ÉDUCTION jusqu'à 40%
Excursions: (12 Itinéraires)
G. FRAIPONT

Von nun an machten die »Folkloristen« Schule. Am Ende des Jahrhunderts zog ***Anatole Le Braz*** durch das Land, um Legenden, Lieder und andere Zeugnisse der traditionell-ländlichen Kultur zu sammeln. Ihm verdanken wir vor allem *La Légende de la mort.*

Bis in die 1850-er Jahre blieb die Bretagne recht abgeschieden, die Gehöfte lagen verstreuter als in anderen Provinzen Frankreichs. Die hohen Wälle, die die Felder umgaben, machten den Zugang zu den Gehöften oft schwierig und die schmalen Wege verwandelten sich im Winter obendrein in Schlammpfade. Manche Weiler bestanden aus nicht mehr als zwei Höfen, deren Bewohner bestenfalls ausgingen, um den Markt in der nächsten Stadt zu besuchen. ***Balzac*** beschreibt in *Les Chouans* dieses waldige Land »mit dem Gesicht eines gewaltigen Schachbretts, dessen einzelne Felder völlig gegeneinander abgeschirmt sind, geschlossen wie Festungen«.

Während der zweiten Hälfte des Jahrhunderts brachte die Entwicklung der Eisenbahn einen neuen Faktor mit sich, der für die Zukunft der Bretagne eine wichtige Rolle spielen sollte: den Tourismus. Von nun an konnte man leicht von Paris oder vom Landesinneren hierher kommen, um die frische Seeluft und die Landschaft zu genießen, die auch viele Maler und Schriftsteller anzog. Um ***Gauguin*** versammelten sich in der Ecole de Pont-Aven Künstler verschiedenster Nationalitäten. Viele andere berühmte Namen der Kunstgeschichte und auch der Wissenschaften sind mit der Bretagne eng verknüpft, beispielsweise ***Chateaubriand, Renan, Laënnec*** oder ***Lamennais***.

Die Bretagne heute

Der Erste Weltkrieg brachte für die Bretagne schwere Verluste: Ein Sechstel der Soldaten aus der Bretagne kehrte nicht wieder zurück. Zu Beginn des Zweiten Weltkrieges zählten die Männer der Île de Sein zu den ersten, die sich ***General de Gaulle*** anschlossen. Die großen Häfen, in die sich am Ende des Krieges die deutschen Soldaten vor dem Vormarsch ***General Pattons*** zurückgezogen hatten, wurden schwer beschädigt. Saint-Malo, Brest, Lorient und Saint-Nazaire mussten fast völlig neu aufgebaut werden.

In der zweiten Hälfte des 20. Jahrhunderts sah sich die Bretagne gezwungen, die langen Jahre der Kriege und Not abzuschütteln und den Anschluss an die moderne Zeit zu finden. Viele junge Leute zogen fort, hauptsächlich nach Paris. 1955 wurde ein Komitee zur Wirtschaftsförderung gegründet, zwei Jahre später wurde Nantes, das zum benachbarten Komitee gehörte, zur Hauptstadt des Pays de la Loire. Die Modernisierung zeigte sich auch in neuen Techniken der Landwirtschaft, des Fischfangs und des Bauwesens sowie im Entstehen eines zunehmend dichteren Industrienetzes.

Diese Geschichte voller Unruhen, aber auch voller Phasen großartigen Wiederaufbaus und fruchtbaren Austausches hat die Landschaft und den Lokalpatriotismus der Bretagne geprägt. Zwischen dem Mont Saint-Michel und Nantes geben die Megalith-Denkmäler noch heute den Wissenschaftlern Rätsel auf. Kirchen, Kapellen und Calvaires zeugen von der Kraft des Glaubens in dieser Region. Festungen und ummauerte Städte erinnern an die erbitterten Auseinandersetzungen des Mittelalters, Schlösser und Landsitze erzählen vom Wohlstand der weniger sorgenvollen Epochen.

Und immer noch ist die bretonische Sprache ein wesentlicher Teil der Identität der Bewohner der Region. Bis zum Anfang unseres Jahrhunderts wurde sie – außerhalb der Schule – noch fast überall gesprochen, im Finistère, im westlichen Bereich der Côtes d'Armor und im Morbihan. In der Haute Bretagne im Osten dagegen sprach man gälisch. Seit 1965 ist das Bretonische als Abitur-Prüfungsfach zugelassen, und jedes Jahr im Mai feiert man in Spézet, einer kleinen Stadt im Finistère, das nationale Fest dieser Sprache.

Betrachtet man das Land des Meeres, »L'Armor«, und das Binnenland »L'Argoat«, so ist der Einfluss des Meeres überall zu spüren. Kein Punkt der Halbinsel ist weiter als 60 Kilometer vom Meer entfernt, das in tiefen Buchten und Schluchten ins Land eindringt. L'Armor ist eine Aneinanderreihung von Häfen und Stränden in wundervoller Landschaft. Es ist der »goldene Gürtel«, in dem feines Gemüse wächst und in dem die meisten Einwohner der Region leben. Sanfteres Wasser umspült den Rest des Landes, wo sich ein Netz aus Flüssen durch Wälder und Felsen schlängelt. Lichtes Gehölz wechselt mit großen, offenen Feldern ab, deren Zahl zunimmt. Nordwestliche und südwestliche Winde haben diese Landschaft aus zerklüfteten Felsküsten und sandigen Buchten, aus Heidelandschaften mit Ginstersträuchern und aus Wäldern voller Legenden modelliert. Über dieses Land schreibt ***Odilon Redon***: »Man möchte meinen, dass sich in dieser keltischen Atmosphäre eine Ablagerung der menschlichen Seele gebildet hat – voll von Tagen und von Epochen.«

Concarneau

Concarneau ist nicht nur eine attraktive, ummauerte Stadt mit berühmten Bollwerken, sie ist auch ein Musterbeispiel für die Anpassung bretonischer Häfen an die Anforderungen des 20. Jahrhunderts. Ursprünglich war dies ein Fischereihafen, inzwischen haben sich im Umkreis der Fischkonserven-Industrie auch Handwerk und andere Industrien angesiedelt, daneben gewinnt die Sportschifffahrt an Bedeutung. Zu Beginn des Jahrhunderts wurde in Concarneau eines der berühmtesten folkloristischen Feste ins Leben gerufen, die »Fête des Filets Bleus«. Seit einigen Jahrzehnten wächst das Interesse an der Entdeckung oder Wiederentdeckung des historischen Erbes dieser Region. Die Stadt beherbergt ein Fischereimuseum, in dem man die Vergangenheit der Seefahrt erkunden kann, außerdem findet hier alljährlich im Sommer eine Ausstellung maritimer Literatur statt.

LAND DER LEGENDEN

Der Menhir von Saint-Duzec

Einer der besonderen Reize der Bretagne liegt sicherlich darin, dass hier verschiedene Kulturen einander abgelöst haben, ohne dass dabei die Spuren der Vorgänger beseitigt wurden. Statt dessen wurden die Traditionen früherer Bewohner kurzerhand als Bestandteil der eigenen Kultur übernommen. Die Druiden haben die Megalithen für kultische Handlungen verwendet, doch später hat man einige von ihnen »christianisiert«. Dieser Menhir in der Nähe von Pleumeur-Bodou ist ein besonders interessantes Exemplar. Verziert mit der Passionsgeschichte und gekrönt von einem Kreuz zeugt er von der großen Bedeutung, die der Glauben in der Bretagne seit der Ankunft der Mönche von jenseits des Kanals hatte und der sich in den Städten und Baudenkmälern widerspiegelt. So groß ist die Bedeutung, dass viele der Gemeindegründer zu Heiligen erklärt wurden und sich von Anfang an historische Tatsachen mit Episoden über Wundertaten vermischten, in denen häufig der Animismus gegenüber dem Christentum überwiegt. Es heißt auch, dass sich in den Menhiren geheimnisvolle Heilige oder Fabelwesen verbergen.

Bretonische Heilige

Die Bretagne ist ein Land voller Legenden, doch hat sie zu ihren Schutzpatronen Heilige erkoren, die größtenteils von Rom nicht anerkannt werden. Viele von ihnen sind gallische, schottische oder irische Mönche, die vom 5. Jahrhundert an mit Schiffen ins Land gekommen waren. In jüngerer Zeit sind andere Heilige hinzugekommen, die auf bretonischem Boden geboren wurden. ***Efflam, Briac, Maudez*** ... sie sind durch den Namen einer Kirche, eines Felsens oder eines einsam stehenden Kreuzes mit den Orten verbunden, die sie gegründet oder evangelisiert haben, vor allem aber durch zahlreiche Bittwallfahrten, die ihnen gewidmet sind.

Die Wallfahrten zu Ehren der »Sieben Heiligen« haben eine besondere Bedeutung. Sieben Brüder haben die ersten bretonischen Bistümer gegründet: ***Corentin*** das in Quimper, ***Pol-Aurélien*** das in Saint-Pol-de-Léon, ***Tugdual*** das in Tréguier, ***Patern*** das in Vannes, ***Brieg*** das in Saint-Brieuc, ***Malo*** das in Saint-Malo und ***Samson*** das in Dol. Ihnen zu Ehren wurde die »Tro-Breiz« (Tour de Bretagne) veranstaltet, eine Wallfahrt, die im 17. und 18. Jahrhundert zahlreiche Gläubige anzog, bis zu den Religionskriegen noch sehr lebendig war und auch später bei manchen Gläubigen Tradition blieb. Die Gläubigen sollten einmal in ihrem Leben alle sieben Bistümer besucht haben, also eine Reise von 500 Kilometern zurücklegen – nach Ansicht von Strenggläubigen zu Fuß.

Viele der Wallfahrten sind auch der ***Heiligen Anne*** oder ***Maria*** gewidmet, denn die ***Jungfrau*** und ihre Mutter haben in der bretonischen Tradition eine besondere Stellung. Die ***Heilige Anne*** wird als »Großmutter« des bretonischen Volkes betrachtet. Wegen der schlechten Behandlung durch ihren grausamen Ehemann sei ***Anne*** der Legende zufolge nach Judäa ins Exil gegangen und habe ihr Leben der Jungfrau Maria geweiht. Später kehrte sie nach Cornwall zurück. ***Jesus***, der sie einmal besuchte, ließ durch ein Wunder an einem kargen Ort eine Quelle entspringen – so entstand Sainte-Anne-le-Palud in der Nähe von Plonévez-Porzay. Es gilt zwar als wichtig, an den bedeutenden Wallfahrten teilzunehmen, doch traditionell hat man den örtlichen Wallfahrten eine besondere Bedeutung beizumessen. Eine Legende erzählt von einem Pilger, der während des Kirchenfestes der eigenen Gemeinde nach Sainte-Anne-d'Auray aufgebrochen war. Unterwegs wurde er von einer Frau aufgehalten, die er nicht kannte. Das war die ***Heilige Anne***. Sie wollte ihn daran erinnern, dass es besonders wichtig sei, dem Heiligen Ehre zu erweisen, der alltäglich über ihn wache und ihm die kleinen und großen Freuden des Lebens schenke. Man wandte sich mit allen Anliegen an den Dorfheiligen. Junge Mädchen befragten ihn nach einer bevorstehenden Hochzeit, Mütter vertrauten ihm Familiensorgen an, Bauern und Fischer baten ihn um guten Wind, Regen oder ausreichend Sonne für den Erfolg der Ernte oder des Fanges.

Vielen Heiligen wurden auch besondere Heilkräfte zugesprochen. In der Nähe der ihnen geweihten Kirchen findet man häufig eine Quelle, von der es heißt, ihr Wasser heile eine Krankheit. Dabei war jeder Heilige ein Spezialist, genau wie die heutigen Ärzte. Der Schutz, den die Heiligen den Menschen gaben, umfasste auch die Tiere, die zu ihren wertvollsten Gütern zählten. ***Herbot, Melar*** und ***Cornely*** wachten über die Rinder, ***Telo, Gildas*** und ***Hervé*** über die Pferde und ***Ildut*** über das Kleinvieh. Überhaupt spielten verschiedene Tiere in den Legenden um die Heiligen eine große Rolle. Der ***Heilige Thégonnec*** ahnte das Nahen von Wölfen, die seine Seele fressen wollten. Die Pferde knieten von allein nieder, als der ***Heilige Jorand*** den letzten Atemzug tat ... Tiere übernahmen häufig die Funktion von Botschaftern, die den Lebenden den bevorstehenden Tod ankündigten. Auch andere Prophezeiungen wurden oft von sprechenden Tieren verkündet.

Insgesamt wachen knapp sechshundert Heilige über die Bretagne. Ihre Namen spiegeln sich seit Jahrhunderten in den Ortsnamen und in den Legenden der Region.

Der Wald von Brocéliande

Wenn man mit einem einzigen Wort das Wundersame in der Bretagne heraufbeschwören möchte, dann könnte es das Wort Brocéliande sein, der Name des Waldes bei Paimpont, Heimat der Zauberer und der Ritter der Tafelrunde. ***Chrétien de Troyes*** brachte im 7. Jahrhundert den Mythos zu Papier, der sich in die Reihe der Artusromane aus zwei Jahrhunderten einreihen sollte.

Britannien und die Bretagne vermischen sich in diesem Epos um den edlen ***Artus***, König der beiden britannischen Reiche, und seinen getreuen Berater ***Merlin***, der seinem König und dessen Rittern die Suche nach dem Gral, der in den Tiefen der britannischen Wälder verloren gegangen war, auftrug. ***Joseph von Arithmatien***, ein Jünger Christi, hatte von ***Pilatus*** den Leichnam des Gekreuzigten sowie den Kelch, mit dem er das erste Abendmahl gefeiert hatte, erhalten. In diesem Kelch sammelte ***Joseph*** das Blut, das aus Christi Wunden troff. Dann verließ er Judäa und erreichte schließlich Britannien, wo seine Spur sich verlor. Nur der »Beste der Ritter«, ein entfernter Nachkomme von ***David*** und ***Salomon***, sollte in der Lage sein, die kostbare Reliquie zu finden. Dieser Held sollte ***Galahad*** sein, der Sohn von ***Lancelot vom See*** und der Tochter des Fischerkönigs. Wie schon ***Artus*** mit *Excalibur* erwies sich auch ***Galahad*** als Auserwählter, als er einen Speer aus einem Fels zog, den niemand vor ihm seinem Sockel hatte entreißen können.

In dem Dickicht aus Bäumen, Sümpfen, Felsen und Heideflächen erinnern die Namen in Brocéliande eher an eine geheimnisvolle Schatzkarte (Tal ohne Wiederkehr, Weg der verwirrten Gedanken, Weiher der Geheimnisse ...) als an eine kriegerische Vergangenheit. Doch die Helden, die Schlachten schlugen, Fabelwesen besiegten und sich im Glanz ihrer Taten sonnten, eroberten auch die Herzen edler Damen. Der Weiher der Geheimnisse ist der Ort, an dem ***Guenièvre***, die schöne Ehefrau König ***Artus***', ***Lancelot vom See*** ihre Liebe gestand, der wiederum ein Schützling von ***Viviane*** war. Er war im Schloss von Comper geboren worden und von der ***Fee Viviane*** in einem prächtigen Palast groß gezogen worden, den ***Merlin*** ihr überlassen hatte. Diesen Palast jedoch erkannten nur die Bewohner und ihre Gäste. Gewöhnliche Sterbliche sahen lediglich einen See. Trotz seiner Mächte war auch ***Merlin*** dem Charme von ***Viviane*** verfallen, der er nahe der Quelle von Barenton zum ersten Mal begegnet war.

Der Magier war ein Abkömmling eines frommen, jungen Mädchens, das während des Schlafes vom Teufel vergewaltigt worden war. Schon von seiner Geburt an zeigte er besondere Gaben. Er kannte die Vergangenheit und die Zukunft, und er besaß große Macht über die Elemente wie auch über die Menschen. ***Merlin*** war sich jedoch des Zwiespalts seiner Abstammung bewusst und wählte darum stets die Mächte des Guten. Er war eine schillernde Persönlichkeit mit einer Vorliebe für Verwandlungen. ***Viviane*** bewunderte ihn, fühlte sich aber vor seiner Macht sicher. Sie verführte ihn, um ihm nach und nach seine Geheimnisse zu entlocken. Danach schloss sie ihn mit Hilfe ihres neuen Wissens in ein »Gefängnis aus Luft« ein, das aus neun magischen Kreisen bestand. Merlin hätte sich befreien können, doch standen ihm seine Liebe und sein Herz im Weg.

Die Erscheinung des Heiligen Gral

Über Jahrhunderte setzte man den Wald von Paimpont mit dem Zauberwald Brocéliande gleich, in dem einst der Gral, der Kelch des ersten Abendmahls, verschwunden war. Tatsächlich vermischen sich in den Romanen der Tafelrunde Britannien und die Bretagne. Damals war das ganze bretonische Massiv von dichtem Wald bedeckt, der bis an die Inseln von Chausey reichte. Die Bewohner der beiden Kanalufer unterhielten enge Beziehungen, die zwar zuweilen konfliktgeladen, aber grundsätzlich sehr beständig waren. Brocéliande ist die Heimat der Magie und Schauplatz der Geschichte von Artus, seinen edlen Rittern und der Suche nach dem Gral. In ihm gibt es Feen mit zweifelhaften Fähigkeiten, Fabelwesen und geheimnisvolle Paläste. Er ist ein Sinnbild für den ewigen Kampf zwischen Gut und Böse, und nur Merlin kennt alle seine Geheimnisse – die der Gegenwart, der Vergangenheit und der Zukunft.

Nur ein Held könnte ihm nun die Freiheit wieder schenken, wenn er den Ort fände, an dem Merlin gefangen ist. Nun ist das eine schwierige Aufgabe, denn es gibt zahlreiche angebliche Grabstätten des Merlin auf beiden Seiten des Ärmelkanals. Einer davon liegt auch in Brocéliande, am Ende einer überwachsenen Allee in der Nähe der Quelle von Jouvence, deren Wasser ewige Jugend verspricht. Nahe der Quelle von Barenton sieht man noch heute einen Stein mit Namen »Perron de Merlin«. Hier soll ***Viviane*** sich niedergelassen haben, wenn sie auf ***Merlin*** wartete. Später wurde dies eine zentrale Kultstätte der Druiden. Der Legende zufolge konnte das Wasser dieser Quelle, wenn man es auf den Stein goss, Sturm und Regen entfesseln. Noch im 19. Jahrhundert kamen die Gläubigen hierher, um ein Kreuz an der Quelle zu errichten, wenn sie in Trockenperioden Regen erbitten wollten. Am Ende des Weges der verwirrten Gedanken schloss ***Morgane*** die Männer ein, auf die sie im Tal ohne Wiederkehr ein Auge geworfen hatte. Die Armen mussten den Rest ihres Lebens im Gefängnis eines magischen Kreises verbringen, über den ein Riese wachte. Nur diejenigen, die niemals ihre Liebste betrogen hatten, durften hoffen, eines Tages zu entkommen. Das aber gelang nur ***Lancelot***, der ***Guenièvre*** unerschütterlich treu war. ***Morgane***, die Halbschwester von König ***Artus***, erfuhr von ***Merlin***, der ihr freundlich gesonnen war, einige magische Geheimnisse. So war sie in der Lage, tödliche Wunden durch Magie zu heilen. Wie die Gestalt von ***Merlin*** liegt auch ihr Wesen zwischen dem Guten und dem Bösen, doch sind durch die Überlieferung im Lauf der Zeit die boshafteren Facetten der Verführerin zunehmend in den Hintergrund getreten.

R dist li contes que mlt
menа li rois artus bone
vie auoec la roine genie
e. Et li rois loth manda au
artu que les triues estoient
nees. si en fu li rois artus mout
s lendemain que les noueles
rent venues a court. se fu le
s saigremors et galescins et
dinaus li sauuages et carme
an. mout bien de toutes armes
et salerent esbatre en la fo
st qui estoit grande et parfon
. et lors distrent entre aus ke
roient cherquier le pais et la
rest sil poroient aucune auen
re trouuer dont il fussent pri
et loe.

T dautre part se furent
.iiij. compaingnon de la
table reonde seure de la
ourt au roi artu. et orent pri
s estranges armes por ce quil
e uoloient pas estre coneu. si
massent mout a trouuer ces
cheualiers. la roine por aus es
rouuer encontre aus. Et li vns
e ces .iiij. cheualiers estoit aga
nadeans li freres belias li uer
maus cheualiers destremores
qui puis guerroia mout le roi
artu.

Et li secons si fu mouenal.
et li tiers si fu minoras
li engres qui mout estoit
bons cheualiers et mout rice
ment arme. Et quant il furent
as plains chans si eslaissierent
lor cheuax li vns encontre lau
tre sans ferir. Lors dist mino
ras a ses compaingnons alons
esbanoier en ceste forest pour
sauoir se nous trouueriens a
uenture. Lors se mistrent tan
tost au chemin qui uait uers
le castel del espine por ce que
plus auentureus estoit que
tous les autres chemins. si sen
aloient ensamble tout li .iiij. co
paingnon. et cheuauchierent
tant quil trouuerent .iiij. chemins
qui departir les fist. Si ala cas
cuns par soi si come auenture
les mena. Chi se taist ore li co
tes et parole .i. poi de merlin.

Se dist li contes
chi endroit que
a leure que mer
lins se fu partis
del roi artu de ca
rohaise en carme
lide quil sen ala a norhomblan
de a blaise son maistre qui mlt
grant ioie li fist. Quant merlins
ot vne piece illuec este. si li con
ta coment li rois artus auoit
espousee sa feme. Et coment li
rois loth li vaut tollir sa feme

Die Stadt Ys

Von der Legende der verschwundenen oder vielmehr »eingeschlafenen« Stadt, die am Grund des Ozeans oder eines Sees auf ihre Auferstehung wartet, kursieren in der Bretagne verschiedene Versionen. Ker Ys, Ursprung zahlreicher Lieder und Geschichten, hat eine besondere Stellung in der Mythologie, die möglicherweise auf verheerende Sturmfluten oder auch auf die Bedeutung des Wassers im keltischen Kult zurückgeht. Die Symbolkraft, die dieser versunkenen Stadt innewohnt, findet einen deutlichen Ausdruck in der Prophezeiung: »Wenn Paris untergeht, wird die Stadt Ys wieder auferstehen.«

Die Hauptstadt ***Gradlons***, des Königs von Cornouaille, besaß eine gewaltige Ausdehnung. In manchen Versionen der Legende reichte sie von Douarnenez bis nach Port-Blanc, wo man von ihrem Rand aus noch die Sept-Iles sah. Gewiss aber war es die schönste Stadt der Erde, prächtig mit ihren hundert Kathedralen und einem Wald von Türmen, der die herrlichen Gebäude überragte. In den erleuchteten Straßen boten feine Geschäfte die edelsten Waren an. Dieses Wunder wurde durch ein System von Schleusen, die nur mit einem besonderen Schlüssel zu betätigen waren, vor der Macht des Meeres geschützt. König ***Gradlon*** trennte sich nie von dem Schlüssel, er trug ihn stets in einem kleinen Kästchen um den Hals. Doch viele Untertanen des guten Königs hatten nur ihr persönliches Vergnügen im Sinn. Unter ihnen war auch seine eigene Tochter ***Dahud*** oder ***Ahès***. Sie war von einer außergewöhnlichen Schönheit – und eine unersättliche Verführerin. Trotz aller Ermahnungen gelang es ***Saint Guénolé*** nicht, die Stadt wieder zur Ordnung zu bringen. So entfesselte er den Zorn des Himmels, der sich entschloss, die Sünder dem Satan zu überlassen. Dieser nahm die Gestalt eines jungen Mannes an, verführte ***Dahud*** und überredete sie, den Schlüssel zu stehlen. Dann überließ er die Stadt der steigenden Flut. ***Gradlon***, der vom ***Heiligen Guénolé*** gewarnt worden war, hatte gerade noch Zeit, auf sein Pferd zu springen. Er zog seine Tochter hinter sich auf den Pferderücken, doch das Tier, das durch das steigende Wasser galoppierte, starb. Da befahl der Heilige dem König, die Tochter ins Wasser zu werfen. Schweren Herzens gehorchte ***Gradlon*** und erreichte das Ufer, um seine Stadt in den Fluten versinken zu sehen. Seitdem spukt ***Dahud*** als Sirene über die Meere und bringt mit ihrem Gesang jeden Seemann, der sie hört, zum Erschauern. Manchmal wird sie auch mit der keltischen Wassergöttin ***Marie Morgane*** verwechselt, gelegentlich auch mit der

Schlangenfrau ***Mélusine*** oder mit ***Viviane.*** Während der Überlieferung haben die Erzähler dieser Legende viele Episoden hinzugefügt. Manche Seeleute brachten Schätze nach Hause, die angeblich aus der Stadt Ys stammten. Andere haben beim Versuch, einen verkeilten Anker loszumachen, die geheimnisvolle Stadt gesehen – versunken, aber unversehrt, noch immer strahlend schön, aktiv und belebt wie in dem Augenblick, als der Ozean sie verschlang.

Manche Auserwählte hätten die Stadt sogar wieder auferstehen lassen können, wenn sie nur bereit gewesen wären, die Fragen der Bewohner zu beantworten oder etwas bei einem der Händler zu kaufen. Da gibt es auch eine alte Frau, die man in gewissen Nächten am Strand sieht und die schwer beladen mit einem Bündel aus Ys kommt. Wenn eine gute Seele sich erbarmt, ihr beim Tragen der Last zu helfen, könnte die versunkene Stadt von ihrer göttlichen Strafe befreit werden. Doch bis heute hat das noch niemand gewagt – vielleicht, weil die Menschen die Auferstehung von Ys ebenso erwarten wie fürchten. Die Grenzen zwischen den Lebenden und den Toten, zwischen dem Diesseits und dem Jenseits sind in der bretonischen Mythologie sehr schmal. Es heißt, dass der erste Mensch, der die Türme von Ys aus dem Meer steigen sieht, König der Stadt wird. Doch vielleicht kündigt für viele Menschen diese Prophezeiung nicht nur die Auferstehung der Stadt Ys aus dem Meer, sondern gleichzeitig die Stunde des Jüngsten Gerichts an.

Versunkene Städte

In der bretonischen Mythologie findet man verschiedene Legenden über Städte, die im Meer versunken sind. Möglicherweise zeugen sie von dem Bewusstsein der Gefahr, die das Meer mit seinen häufigen und heftigen Stürmen für die Bewohner darstellte. Vielleicht erinnern sie auch an die Schrecken der Sturmfluten, die im Laufe der Jahrhunderte immer wieder Land erschüttert haben. Unter all diesen Legenden hat sicherlich die von Ker Ys, der Stadt des Königs Gradlon von Cornouaille, besonderen Symbolcharakter. Die wunderbare Stadt Ys wird ausgeschmückt wie in einem Märchen aus Tausend-und-einer-Nacht. Sie ist unversehrt geblieben und wartet am Grund des Ozeans auf ihre Auferstehung, die zugleich den Untergang von Paris bedeutet.

Seite 26
Die Ritter der Tafelrunde

L'ARMOR

Der Mont Saint-Michel

Das »Wunder des Okzidents« erhebt sich über einer Wüste aus Sand und gehört zu den Kultstätten, deren Ursprung sich im Dunkel der Zeit und der Legenden verlieren. Er war einmal den gallischen Gottheiten geweiht, später lebten hier Druiden, die angeblich die Macht besaßen, Stürme zu besänftigen. Der »Mont Tombe« (Grab-Berg) galt auch als Grabstätte von Gottheiten und war schließlich ein religiöses Zentrum der ersten Christen.

Vom 9. Jahrhundert an gab es auf dem Berg auch eine befestigte Burg, in die sich die Bevölkerung während der Normanneninvasionen zurückzog. Im Laufe der Geschichte haben die Mauern dieser Festung nicht einem Angriff nachgegeben, nicht einmal in den neun Jahren der Belagerung durch die Engländer im 15. Jahrhundert. Bald schon zog der Berg Pilger aus allen Teilen des Landes an. Die »Miquelots« kämpften sich durch Nebel, Flut und Treibsand. Schon im Mittelalter wurden sie von Herbergswirten und Souvenirhändlern begrüßt, die sich auf den Treppen der Grande Rue aneinander reihten. Am Ende dieses steilen Aufstiegs trifft man auf das Prunkstück des Berges, die gotischen Bauten, die zwischen dem 13. und dem 16. Jahrhundert über karolingischen und römischen Bauten errichtet wurden. Jeder einzelne der für Pilger und Mönche gedachten Säle der Abtei verdient die Bezeichnung »Wunder« – nicht nur wegen der beeindruckenden Dimensionen, sondern auch wegen der erstaunlichen Helligkeit und der Eleganz der Architektur, die in den ältesten Teilen streng und schlicht wirkt, in den neueren dagegen kunstvoll ausgestaltet ist. Auf dem Mont Saint-Michel sind viele illustre Gäste eingekehrt, darunter fast alle französischen Könige. Während der Revolution wurde er als Gefängnis benutzt. Unter dem Zweiten Kaiserreich wurde er wiederum als Kultstätte verwendet und schließlich ließen sich um die Mitte der 1960-er Jahre hier die Mönche der Abtei Bec-Hellouin nieder. 1982 wurde die Statue des ***Heiligen Michael***, die seit hundert Jahren die Abteikirche krönte, durch einen Sturm beschädigt. Inzwischen ist sie restauriert und steht wieder hoch über dem Berg, der – wenn man der Legende glauben mag – hier von einem Riesen vergessen wurde.

Der Mont Saint-Michel
Früher einmal erstreckten sich dort, wo heute Sandflächen liegen, dichte Wälder bis zu den Îles Chausey. Als zu Beginn des 8. Jahrhunderts Aubert, dem Bischof von Avranches, der Erzengel Michael im Schlaf erschien, gab er ihm den Auftrag, auf diesem Berg eine heilige Stätte zu errichten. Kaum war das Gebäude errichtet, vernichteten ein Erdbeben und eine Sturmflut die umliegenden Wälder, verschlangen die umgebenden Ortschaften und ließen nichts als diesen erhabenen Felsen übrig. Damit begann eine lange Phase der Erweiterungen. Im Lauf der Jahrhunderte errichtete man Gebäude, verschönerte sie und baute sie um. Es heißt, der Erzengel habe den Teufel gezwungen, für diese Arbeiten seine Kräfte zur Verfügung zu stellen.

Die Côte d'Emeraude

Ehe man am Mont Saint-Michel eintrifft, erlauben die Bucht von Cancale und die Landzunge von Grouin eine herrliche Aussicht über die Bucht des Berges. Von der Spitze, die 40 Meter ins Meer hinausragt, erstreckt sich der Blick von Cotentin bis zum Kap Fréhel und streift dabei die Îles Chausey. Ein Stückchen weiter bietet Rothéneuf eine Besonderheit, die wir der Geduld eines Priesters verdanken. Der gelähmte Mönch ***Abbé Fouré*** verbrachte am Ende des 19. Jahrhunderts viele Jahre damit, die Felsküste mit Reliefs skurriler Gestalten zu bevölkern. Fast dreihundert Steinskulpturen ragen über den schroffen Klippen auf und berichten von der Geschichte einer großen Piratenfamilie, die einmal die Herrschaft über ***Rothéneuf*** besaß. Und dann schließen sich, getrennt von der Rance, Saint-Malo am rechten und Dinard am linken Ufer an. Dinan wacht am Grund der Trichtermündung. Danach folgen Buchten und Landzungen, die sich bis zum Horizont erstrecken und von einem Meer umspült werden, das in größeren Tiefen einen wundervollen Smaragdton hat, der diesem Küstenstrich seinen Namen gegeben hat.

Das Tal der Rance

»Ich bin weder Franzose noch Bretone – ich bin Malouin«, heißt die Devise. Den Malouins liegt daran, sich abzugrenzen. Saint-Malo umfasst heute Paramé, Rothéneuf und Saint-Servan, das eigentliche Kernstück dieser Ansiedlung. Saint-Servan war eine alte Siedlung der Coriosoliten und hieß Aleth, bis im 6. Jahrhundert der gallische Mönch ***Malo*** hier zum Bischof geweiht wurde. Während der normannischen Invasionen zog sich das Bistum auf eine kleine Insel zurück, die leichter zu verteidigen war und sich später zur ummauerten Stadt von Saint-Malo entwickelte. Zwischen dem 12. und dem 18. Jahrhundert wurde sie durch Bollwerke geschützt, mehrfach umgebaut und verstärkt.

Die Festung am Tor Saint-Vincent, das den Zugang zur ummauerten Stadt bewacht, stammt aus dem 15. und 16. Jahrhundert. Der Turm hört auf den Namen Quic-en-Groigne und erinnert daran, dass die Malouins diesem Bau, den die Herzöge der Bretagne angeordnet hatten, nicht gerade positiv gegenüberstanden. ***Herzogin Anne*** soll den Widerspruch mit folgenden Worten abgeschnitten haben: »Qui qu'en groigne, ainsi sera, car c'est mon plaisir (Und wenn ihr auch knurrt, es soll geschehen, denn mit gefällt's).« Heute befindet sich im Schloss ein Wachsfigurenkabinett mit Berühmtheiten der Stadt, während im Wachturm eine stadtgeschichtliche Sammlung untergebracht ist. Unter ***François I.*** brach ***Jacques Cartier*** von Saint-Malo aus auf, um einen Seeweg über Nordamerika nach Asien zu finden. Auf dieser Reise erkundete er das St.-Lorenz-Becken und nahm im Namen des französischen Königs Kanada in Besitz. Er gilt als Entdecker Kanadas, obwohl italienische Seefahrer schon vor ihm dort gewesen waren. Durch den Dorschfang in den Gewässern der Neuen Welt und durch den Tuchhandel wurde Saint-Malo im 17. Jahrhundert zum wichtigsten Hafen Frankreichs. Während der Aus-

Saint-Malo

»Dieses kleine Völkchen zwischen der Bretagne und der Normandie hat vielerlei Qualitäten. Erstens die Hartnäckigkeit und Widerstandskraft von Granit. Zweitens Schwung und Elan. Seeleute oder Schriftsteller, Reisende von allen Weltmeeren – was sie von anderen unterscheidet, ist vor allem ihre Kühnheit.« So beschrieb Flaubert die Einwohner dieser »Krone aus Steinen über den Fluten«. Tatsächlich kann sich die Stadt Saint-Malo der Verwegenheit ihrer Seefahrer, Piraten, Entdecker und Forscher rühmen, doch ebenso des Talents ihrer Schriftsteller und Wissenschaftler. Die Begeisterung für Herausforderungen, gepaart mit einer Liebe zur Unabhängigkeit, veranlasste die Malouins, ihre Stadt unter der Herrschaft Henris IV. zur Republik zu erklären. Seit 1978 brechen von Saint-Malo aus alle vier Jahre die besten Segler der Welt zur Route du Rhum auf, einer der größten Transatlantik-Wettfahrten. In jedem Sommer findet hier ein Festival der Musik und Schriftstellerei statt, das die Strände und Häfen der Region um eine Attraktion bereichert.

einandersetzungen, die Frankreich mit der englischen, holländischen und spanischen Marine führte, sicherte ***Vauban*** die Hafeneinfahrt, indem er dort ein Fort auf der kleinen Insel Petit-Bé errichten ließ. Die Malouins erhielten darauf einen Kaperbrief, der ihnen erlaubte, Kriegs- und Handelsschiffe dieser beiden Nationalitäten aufzubringen. Der Fregattenkapitän ***Dugay-Trouin*** tat sich in diesem Geschäft besonders hervor. ***Surcouf*** ist einer der letzten Korsaren von Saint-Malo und zweifellos der berühmteste. Als reichster Reeder der Bretagne wurde er 1804 zum Ritter der Ehrenlegion geschlagen.

Im 18. Jahrhundert kamen in Saint-Malo ***Maupertuis, Mahé de La Bourdonnais, Broussais, Lamennais*** und ***Chateaubriand*** zur Welt – letzterer auf der Île de Grand-Bé, einem isolierten Felsen, den man nur bei Ebbe zu Fuß erreichen kann.

Während der Kämpfe im August 1944 wurde ein großer Teil der Wohngebäude Saint-Malos zerstört, doch wurden diese nach dem Krieg im ursprünglichen Stil wieder aufgebaut. So reihen sich heute wieder wuchtige Granitbauten mit Schieferdächern unter dem Glockenturm von Saint-Vincent aneinander.

Im Süden, jenseits der Bucht von Sablons, erheben sich das Fort von Saint-Servan und der Turm Solidor, in dem sich heute das Museum der Kap-Horniers befindet. Vom äußeren Rundgang aus kann man die Mündung der Rance und das 1966 gebaute Gezeitenkraftwerk entdecken. Die beiden Mündungsflüsse winden sich um Landzungen und Vorsprünge mit herrlichen Aussichtspunkten über einer Landschaft, die sich im Rhythmus der Gezeiten ständig verändert. Am schönsten ist es aber, den Fluss auf einer Bootsfahrt bis nach Dinan zu erkunden.

Am Ende der Mündung liegt, an den Abhang gekauert, die alte Stadt Dinan. Im Schatten einer Burg, deren Bollwerke heute zu Spaziergängen einladen, wacht sie über den Fluss. Dinan ist im Mittelalter als Sitz einer Priorei entstanden. Um Platz für ihre Bauten und Felder zu schaffen, haben die Mönche den dichten Wald gerodet, der im Umkreis der Siedlung stand. Am Ende des 13. Jahrhunderts verkauften die Herren von Dinan die Stadt an die Herzöge der Bretagne und ließen sich außerhalb des Mauergürtels nieder. In seinem Inneren lagen Klöster, Gärten und Gässchen mit florierenden

Geschäften. Auf der Place du Champ erinnert ein Gedenkstein an eine Episode aus dem Hundertjährigen Krieg, an den sich der Erbfolgekrieg anschloss. Als die englischen Truppen Dinan belagerten, konnte ***Du Guesclin***, ein Schützling von ***Blois***, einen Waffenstillstand aushandeln. Trotzdem nahm der englische ***Herzog von Canterbury*** den Bruder des Ritters gefangen. ***Du Guesclin*** forderte den Herzog zum Duell, tötete ihn jedoch nicht, sondern vertrieb die Engländer endgültig. Später machte der Ritter von sich reden, indem er die Händler der großen Handelsgesellschaften aus dem Land vertrieb. Bei seinem Tod hatte ihn ***Charles V.*** zum Connétable (hoher militärischer Rang) erhoben. Um ihn zu ehren, ließ der König seine sterblichen Überreste in die Basilika Saint-Denis überführen, doch das Herz ***Du Guesclins*** ruht auf dessen persönlichen Wunsch in Dinan, gleich neben der Grabstätte seiner Frau ***Tiphaine***. Bollwerke, Schloss, Wach- und Glockentürme wurden zwar mehrfach umgebaut, doch haftet ihnen noch heute ein mittelalterliches Flair an. Die Altstadt dagegen ist ein Gewirr aus Häusern aus dem 15. und 16. Jahrhundert. Der Turm der ***Herzogin Anne***, ein wuchtiges Gebäude von beeindruckenden 34 Metern Höhe, beherbergt heute ein Museum. Im Turm von Coëtquen gleich nebenan findet man eine Ausstellung von Statuen liegender Toter, gefertigt von einem Bildhauer, der seine Werkstatt in der Nähe der Kirche Saint-Sauveur hatte.

Zwar haben die Bollwerke nicht einen der zwölf Türme eingebüßt, die über ihnen aufragten, doch sind von den ursprünglich fünf Stadttoren nur noch vier erhalten. Die Porte de Brest, das größte der Tore, wurde gegen Ende des 19. Jahrhunderts zerstört. Jedes Jahr im Herbst findet ein Fest auf den Bollwerken statt, in dem sich Dinan in Kostüm und Maske der Zeit zeigt, als die Häuser mit den geschnitzten Holzfassaden entstanden, die noch heute an der Place des Merciers, den Rues de la Lainerie, de la Cordonnerie, de la Poissonnerie, du Petit-Pain ... stehen. Die Rue du Jerzual führt bis zum Hafen hinab und teilt die Stadt in zwei Hälften. Schon damals war sie gesäumt von Handwerker-Werkstätten. Dort gab es viele Webereien, auch im restaurierten Maison du Gouverneur arbeitete ein namhafter Teppichweber.

Auf den religiösen Ursprung der Stadt weisen die vielen erhaltenen Kapellen und alten Klosterbauten hin. Der Bau der Kirche Saint-Malo dauerte vom 15. bis zum 19. Jahrhundert, ein besonders wertvolles bauliches Detail ist die gotische Apsis. Die Kirche fügt sich ausgezeichnet in den ursprünglichen Stil der Stadt ein. Der Bau der halb romanischen, halb gotischen Kirche Saint-Sauveur wurde im 12. Jahrhundert von einem heimgekehrten Kreuzritter begonnen. Ihr romanisches Portal zählt zu den schönsten der Bretagne. Die kunstvoll behauenen Kapitelle zeigen verschiedene göttliche Strafen, um die Sünder zu mahnen. Das alte Kloster der Cordeliers ist heute eine Privatschule. Früher traten hier mehrfach die Generalstände der Bretagne zusammen. Ein zweites Benediktinerkloster, das heute ebenfalls als Schule genutzt wird, zählt ***Chateaubriand*** zu seinen ehemaligen Schülern. Im Süden der Stadt siedelten sich Mönche auf dem Gebiet von Léhon an, das ihnen schon im 9. Jahrhundert von ***Nominoé*** überlassen worden war.

Der Hafen von Dinan

Am Ende der Rance-Mündung erstreckt sich zu beiden Seiten des Flusses die Stadt Dinan, deren Bollwerke, Wach- und Glockentürme die Ufer überragen. Die Stadt, die aus einer Priorei entstand, hat sich seit dem Mittelalter ihr Gewirr von Gassen und schönen Häusern, von Gärten und alten Bäumen bewahrt, die ihr einen ganz besonderen Charme verleihen. Der Hafen, in dem früher Handelsschiffe festmachten, ist heute von Sportbooten und Ausflugsschiffen angefüllt, mit denen man den Fluss bis Dinard oder Saint-Malo hinab fahren kann.

Andere Zeiten, andere Sitten: Über Dinard weht der Duft eines englischen Seebades. Hier gibt es keine Festungsmauern, die Stadt voller Villen im Jahrhundertwende-Stil mit Türmchen und Schiebefenstern erstreckt sich vielmehr in einem üppigen Grüngürtel bis ans Meer. Seit den 1850-er Jahren hat sich das ehemalige Fischerdorf zu einem Seebad entwickelt, in dem sich der internationale und vor allem der englische Adel traf. Luxuriöse Hotels, Golf, Thalassotherapie, noble Segeljachten – das sind seit langem die Insignien dieser Stadt. Die Strände von Dinard liegen in geschützten Buchten, unterteilt von felsigen Landzungen, über die sich reizvolle Spazierwege winden. Die Plage von Saint-Enogat erstreckt sich unterhalb eines Vorsprungs, der zur Pointe des Etêtés ausläuft. Dann schließt sich die Plage de l'Ecluse an, der größte und nobelste Strand. Hinter den bunt bemalten Umkleidehäuschen liegt das Casino gleich neben dem Palais du Congrès. Hinter der Pointe du Moulinet schließt sich eine längliche Erhebung an die Baie du Prieuré an. Hier liegt die Promenade du Clair-de-Lune, eine reizvolle Anlage mit Palmen und Eukalyptusbäumen, die an die Mittelmeerküste erinnert. An ihrem Fuß erstreckt sich die Plage du Prieuré bis zur Pointe de la Vicomté mit einem Rundweg, der zur Rance hin abfällt.

Von Décollé bis Bienassis

Hinter den größeren Städten liegen verstreut an einer zerklüfteten Küste mit Schluchten und Felsvorsprüngen zahlreiche kleine Dörfer. Immer wieder kommt man an Aussichtspunkte, von denen man einen atemberaubenden Blick entlang der Küste hat. In Saint-Lunaire bietet die Pointe du Décollé eine hinreißende Aussicht: in der Ferne die Île de Cézembre, im Osten die Küste von Saint-Malo und im Westen die Landzunge des Kap Fréhel. Hinter dem Hafen von Saint-Briac und dem Strand von Lancieux hat man in Ploubalay von der Terrasse eines Wasserschlosses aus die Möglichkeit, auch einen Blick ins Landesinnere zu werfen. Die Halbinsel, an die sich der Hafen von Saint-Jacut kauert, streckt sich weit vor bis zur Pointe de Chevet, der die Île des Ebihens vorgelagert ist. Die Ortsnamen dieser Region erinnern an die Missionare des frühen Mittelalters, zu denen ***Lunaire, Cast, Briac, Jacot***, aber auch ***Enogat*** und ***Malo*** gehörten.

Le Guildo scheint eine weniger fromme Vergangenheit zu haben. Das Schloss, dessen Ruinen noch am Ufer des Arguenon zu sehen sind, gehörte vor langer Zeit ***Gilles de Bretagne***, der wegen seiner lockeren Moral berüchtigt war. Doch weil das Leben gerecht ist, nahm er ein tragisches Ende. Am anderen Ufer sollte man an den Pierres Sonnantes (klingende Steine) Halt machen. Diese Felsbrocken lassen, wenn man mit einem Kieselstein gegen sie klopft, einen metallischen Ton erklingen.

Hinter den Miesmuschelbänken des Arguenon gehen die Fischer von Saint-Cast auf Fang nach Jakobsmuscheln. Die Stadt überragt den Hafen und die schönen Strände in einer tiefen Bucht, die im Schutz der Pointe de Saint-Cast liegen. In der näheren Umgebung findet man noch einige elegante, solide Landhäuser aus der großen Zeit der Reeder von Saint-Malo.

Auf der anderen Seite der Bucht liegt das Fort la Latte, das im Mittelalter von den ***Goyons***, den Lehnsherren von Matignon, errichtet wurde. Es liegt, fast ganz vom Meer umschlossen, auf der äußersten Spitze einer langgestreckten Landzunge und stellt durch seine Position am Eingang der Bucht von La Frénaye einen wichtigen strategischen Punkt der Seestraßen dar. Der mächtige Bergfried im Zentrum der Fortanlage wurde unter ***Ludwig XIV.*** neu aufgebaut. Man erreicht ihn über zwei Zugbrücken, die über eine Schlucht hinabgelassen werden und die ihren Teil zur imposanten Wirkung des Forts beitragen. Auch für Cineasten wurde dieser Ort zur Inspiration. ***Richard Fleisher*** wählte ihn in den 1950-er Jahren als Schauplatz für die *Wikinger*. Ebenso beeindruckend ist auch das 70 Meter hohe Kap Fréhel, dessen Klippen aus Sandstein und Schiefer steil zum Meer hin abfallen. Von der Spitze des hohen Leuchtturms hat man einen herrlichen Blick über die ganze Küste von Saint-Malo bis Paimpol. Bei klarer Sicht kann man sogar die Kanalinseln erkennen. Ein Teil dieser zerklüfteten Landzunge ist heute das Vogelschutzgebiet La Grande-Fauconnière. Durchquert man einen Wald, kommt man zu den Stränden einer weniger schroffen Küstenlandschaft: Pléhérel und Sables-D'Or-les-Pins. Erquy, ein kleiner Muschelfischerhafen, kauert sich mit seinen Molen und Stränden unter die Felsküste. Dieser uralte gallo-römische Ort spielt eine Rolle in einer der zahlreichen Versionen der Legende von der versunkenen Stadt.

Mit der sandigen Bucht des Val d'André und der Pointe de Pléneuf gegenüber der Île de Verdelet endet die Smaragdküste. Einige Kilometer landeinwärts kann man im Wasserschloss von Bienassis eine Sammlung von Porzellan und Möbeln besichtigen. Vom ursprünglichen Bau, der im 15. Jahrhundert entstand, sind nur noch zwei Türme erhalten. Die Fassaden aus rosafarbenem Sandstein, die zwei Jahrhunderte später errichtet wurden, erheben sich heute inmitten eines schön angelegten Gartens in klassischem französischem Stil.

Das Kap Fréhel

Unter den zerklüfteten Felsvorsprüngen der bretonischen Küsten ist das Kap Fréhel einer der beeindruckendsten. Seine Klippen fallen 70 Meter tief zum Meer hin ab, wo sich die Wellen auf den Felsen brechen und Fontänen von glitzernder Gischt in die Höhe werfen.

Die Côte du Trégor

Die Côte du Trégor weckt Erinnerungen an die Island- und Neufundlandfischer, die von hier aus zu ihren langen Seereisen aufbrachen, um Hering und Dorsch zu fangen. Paimpol, Binic und Pontrieux waren im 19. Jahrhundert bedeutende Fischereihäfen. Zu Beginn des 20. Jahrhunderts ersetzten kleinere Boote die Hochseekutter, und die Fischer wandten sich zunehmend der Küstenfischerei und dem Muschelfang zu. Wegen des besonders milden Klimas gedeihen in dieser Region auch viele zarte Gemüse. In einer harmonischen Landschaft wechseln sich sanfte Hügel, Felder und Wälder mit Buchten und kleinen Häfen ab. Die zerklüftete Küstenlinie wird von den Mündungen vieler Flüsse durchschnitten, während sich in der Ferne die Konturen von Inseln und Inselchen am Horizont abzeichnen.

Le Goëlo

Saint-Brieuc, das auf einem Hügel zwischen den Tälern des Gouët und des Gouëdic erbaut wurde, verdankt seinen Namen einem gallischen Mönch aus dem 5. Jahrhundert. Für die Strenggläubigen des Mittelalters war die Stadt eine Station der großen Wallfahrt *Tro Breiz*. Die wuchtige Silhouette und die schroffen Türme der Kathedrale Saint-Etienne im Herzen der Stadt erinnern eher an eine Festung als an eine Kirche. Sie wurde im 13. und 14. Jahrhundert zuerst auf Pfählen über einem Sumpfgebiet errichtet – genau dort, wo vorher einmal das Kloster mit dem Grab des Heiligen Brieuc gestanden hatte. Über die zu beiden Seiten von Häusern mit geschnitzten Fassaden gesäumte Rue du Fardel gelangt man zur Kapelle Notre-Dame-de-la-Fontaine. Es heißt, dass das Wasser aus dieser Quelle heilende Kräfte besitzt, weil es ***Saint Brieuc*** gefiel, sich an diesem Ort niederzulassen.

Im Parc des Grandes Promenades würdigt eine Statue ***Villiers-del'Isle-Adam***, den Sohn der Stadt und Autor von *Contes Cruels* und *Axel*, der eng mit ***Baudelaire*** und ***Mallarmé*** befreundet war. Von den Gärten Tertre Aubé aus hat man einen schönen Blick auf den Hafen von Saint-Brieuc, der am Ufer des kanalisierten Gouët angelegt wurde. Heute ist er einer der großen Handelshäfen der Bretagne und wegen des Gemüseanbaus in der Umgebung ein wichtiger Umschlagplatz für landwirtschaftliche Güter.

Die Strände und Häfen von Binic, Etables-sur-Mer und Saint-Quay-Portrieux reihen sich am Fuß einer steil abfallenden Küste aneinander, die mit Heideflächen und Wäldern bewachsen ist und zu herrlichen Spaziergängen einlädt. Hier und da trifft man auf schöne Kapellen, etwa Notre-Dame-de-l'Espérance in Etables, die anlässlich einer Cholera-Epidemie im 19. Jahrhundert errichtet wurde.

Die Kapelle von Kermaria-an-Iskuit bei Plouha wurde im 13. Jahrhundert von einem Kreuzfahrer errichtet, der auf diese Weise »Maria, die die Gesundheit schützt« danken wollte, weil sie ihm das Leben gerettet hatte. Die Wände sind mit Totentanz-Motiven bemalt. Sie stützen sich auf ein altes Gedicht, das einen Dialog zwischen den Toten und den Lebenden wiedergibt. Die Schrift des Textes ist heute verblichen, doch die Fresken, die abwechselnd Skelette und Herren, Mönche und Bauern zeigen, sind noch sehr lebendig. Unter den Statuen findet man eine ungewöhnliche Madonna in Holzschuhen. Sie will dem Jesuskind die Brust geben, doch dies stößt sie weg. In Lanleff geben uralte Tempelruinen Rätsel auf. Man weiß nicht, ob man sie den Galliern, den Römern, den Templern oder den Christen des 11. Jahrhunderts zuschreiben soll, wenngleich die letzte Vermutung die wahrscheinlichste ist.

Als ***Pierre Loti*** das Meer in Romanen beschrieb, war er gewiss ein Fachmann, denn er war über vierzig Jahre lang Marineoffizier gewesen. In *Pêcheur d'Islande* macht er Paimpol zum Schauplatz einer dramatischen Geschichte. Die Frau des Helden, »eine Blonde mit flachsgrauen Augen«, die zuerst auf ihren Mann wartet und dann seinen Tod auf dem Meer beweint, ist Sinnbild für die Seemansfrauen vieler Jahrhunderte, die immer wieder vergeblich auf die Rückkehr ihrer Männer hofften. Der Ozean hat viele Mannschaften verschlungen, davon erzählt auch das Denkmal der Verschollenen auf dem Friedhof von Ploubazlanec ganz in der Nähe. Aber man erinnert sich auch an erfreulichere Ereignisse. Die Abreise der Seeleute war stets Anlass zu großen Festen, während derer die Schiffe gesegnet wurden. Die Helden von ***Loti*** begegneten sich übrigens bei einer Wallfahrt der Neufundlandfischer, einem der großen Ereignisse der Hochseefischerei. Heute trifft man im Hafen von Paimpol, dessen Schönheit ***Théodore Botrel*** einmal besungen hat, hauptsächlich Küstenfischer und Sportbootkapitäne.

Von Paimpol aus führt ein Weg entlang der Küste hinab bis zu den alten Obstgärten der Abtei von Beauport, die man in ihrer ganzen Schönheit liegen sieht. Im Jahre 1202 erlaubte Graf ***Alain de Goëlo*** den Stiftsherren des Ordens von Prémontré, sich hier niederzulassen, und er gewährte ihnen zahlreiche Güter und Privilegien. Über Jahre erlebte die Abtei großen Wohlstand,

Die Abtei von Beauport

Die Abteil hatte schon fünf Jahrhunderte Geschichte erlebt, als sie in den Besitz einer Familie gelangte, die sie bis ins Jahr 1993 behielt. Später konnte die Denkmalschutzbehörde Conservatoire du Littoral hier ungeahnte Schätze zu Tage fördern und die Gebäude restaurieren, die seit der Revolution zu unterschiedlichsten, meist nicht im Zusammenhang mit dem religiösen Ursprung stehenden Zwecken genutzt worden waren. Der große Kapitelsaal zeugt von der Bedeutung, die diese Abtei im Mittelalter einmal besaß. Im Stil der normannischen Gotik erbaut, zählt sie zu den schönsten Baudenkmälern Beauports. Das große Refektorium öffnet sich zu den alten Obstgärten, hinter denen sich direkt das Meer anschließt.

die Stiftsherren lebten hier in großem Stil und aller Abgeschiedenheit, keiner anderen Autorität unterstellt als der des Papstes, der jedoch weit weg war.

Als die Abtei im 16. Jahrhundert einer weltlichen Verwaltung unterstellt wurde, begann ihr Verfall, der sich mit den politischen und religiösen Auseinandersetzungen der Folgezeit noch verschärfte. Im 17. Jahrhundert wurden die heruntergekommenen Gebäude teilweise wieder aufgebaut, doch die Mönche wurden durch die Revolution buchstäblich davongejagt. Nachdem die Abtei als landwirtschaftlicher Betrieb, Bürgermeisterei und Schule gedient hatte, verdient sie ihre Erhaltung ***Prosper Mérimée***, dem unermüdlichen Schützer historischer Bauten, der sie 1862 klassifizieren ließ. Die Abtei blieb im Besitz einer Familie, die sie schon im 18. Jahrhundert erworben hatte, bis sie 1993 an das Conservatoire du Littoral verkauft wurde. Jetzt konnte mit der Restaurierung begonnen werden, während derer ungeahnte Schätze ans Licht gefördert wurden, etwa die mit Edelsteinen geschmückten Särge der Prioren von Beauport, die unter dem Kapitelsaal bestattet worden waren. Dieser große Saal im Stil der normannischen Gotik ähnelt in mancher Weise dem Mont Saint-Michel und erinnert daran, dass die Prémontrés normannischer Herkunft waren. Mit ihrem Refektorium mit den strengen Gewölben und dem großartigen Blick auf das Meer gehört die Abtei zu den schönsten Baudenkmälern Beauports. Einige erhaltene Mauern der Kirche zeugen noch heute von ihrer imposanten Größe, die Platz für zahlreiche Pilger auf dem Weg nach Santiago de Compostela bot.

Die mit Kiefern und Ginstern bewachsene Küste verläuft weiter zur Pointe de l'Arcouest, vor der in der Ferne gewaltige Felsbrocken und kleine Inseln zu erkennen sind. Von der Landzunge aus fahren Schiffe zur Île de Bréhat ab. Die rosafarbenen Felsen des kleinen Hafens wirken in den schmalen Gassen der Burg wie Reisende, die ihr Gepäck auf Karren schieben oder ziehen lassen. Zum Platz im Schatten der Kirche und zu den benachbarten Gässchen haben nur Fußgänger und Radfahrer Zutritt. Die Häuser hinter hübschen Vorgärten sind überwuchert von Mimosen, Hortensien, Guernseylilien, Feigenbäumen, Schirmkiefern oder Eukalyptusbäumen. Jenseits der Burg laden Fußwege zum Erkunden der umgebenden Landschaft ein oder führen einige Kilometer weit hinab zum Meer, dessen Zauber seit Generationen Künstler und Amateurmaler verführt und inspiriert. Über dem Norden der Insel thront der Leuchtturm von Paon, der an einem besonders wilden Küstenstrich auf einem Gewirr von Felsen errichtet wurde. Weiter westlich späht der Leuchtturm von Rosédo neugierig ins Landesinnere. Die winzige Kapelle von Saint-Michel, die in 26 Metern Höhe erbaut wurde, erlaubt einen hinreißenden Rundblick. Im Süden wacht der Wald der Zitadelle über dem Hafen, der gegenüber der Île Béniguet liegt.

Die Île de Bréhat

Nur einige Kilometer vor der Pointe de l'Arcouest liegt dieses kleine Paradies, das Maler und Fotografen heute ebenso verführt wie früher Mérimée und Renan. Abgesehen vom stürmischen und besonders wilden Norden der Insel kauern sich die kleinen Häuser überall in ein Dickicht aus Geißblatt, Kamelien oder Kirschlorbeer, während die Gassen der Burg, die man nur zu Fuß erforschen darf, wenige Kabellängen vom Festland entfernt einen geschützten Hafen überschauen.

Auf dem Weg liegen auch die Ruinen der Mühlen und das Maudez-Kreuz, das an einen Mönch erinnert, der auf der Nachbarinsel ein Kloster gründete. Doch von ***Saint Budoc***, der auf dieser schon vorher von gallo-römischen Siedlern bewohnten Insel ein Kloster errichtete, gibt es keine Spur.

Der Hafen von Loguivy, in der Mündung des Trieux gelegen, dient hauptsächlich dem Langustenfang. Steigt man das Ufer hinauf, so entdeckt man oberhalb bewaldeter Hänge die Silhouette des Château de la Roche-Jagu, das hier im 15. Jahrhundert zur Verteidigung der Flussmündung errichtet wurde.

Am Zusammenfluss der beiden anderen Flüsse Jaudy und Guindy hat sich um ein Kloster, das im 6. Jahrhundert von ***Saint Tudgual*** gegründet wurde, die Siedlung Tréguier entwickelt. Es ist zugleich die Stadt des beliebtesten bretonischen Heiligen, ***Yves***. Am 19. Mai jeden Jahres führt eine Bittwallfahrt Pilger und Gläubige von der Kathedrale, in der sein Grab liegt, bis zu seinem Geburtsdorf Minihy. Der Heilige war Priester und Richter und wird wegen seiner Gerechtigkeit und Güte gegenüber den Armen hoch geschätzt. Bis heute gilt sein Festtag als Symbol der Vereinigung aller Bretonen, der *Gouel Broadel Breiz*. Das Kirchenschiff der Kathedrale von Tréguier mit seinen klaren Linien zählt zu den schönsten Beispielen bretonischer Gotik. Im Chor dagegen findet man noch heute 46 Chorstühle, die aus der Renaissance stammen. Auch das benachbarte gotische Kloster ist ein sehr bemerkenswerter Bau.

Ganz in der Nähe steht das Haus, in dem ***Ernest Renan*** aufwuchs. Heute beherbergt es ein Museum, das dem Mann gewidmet ist, der sein Geburtsland als »Küste eines finsteren Meeres, gespickt mit Felsen und ständig von Gewittern erschüttert« beschrieb.

Die Côte de Granit Rose

Zwischen Perros-Guirrec und Trébeurden haben Meer, Wind und Regen den Granit so abgeschliffen und poliert, dass zwischen Erde und Meer eine Sammlung von Felsen in einem kupfrig schimmernden Rosaton entstanden ist, deren Anblick Staunen und Ehrfurcht einflößt. Perros-Guirrec ist neben Dinard eines der führenden Seebäder der nördlichen Bretagne.

In der Stadt, die für ihre beiden Strände mit besonders feinem Sand berühmt ist, findet man einen Kongresspalast, ein Zentrum für Thalassotherapie und einen Jachthafen. Jahrhundertwende-Villen und moderne Gebäude wechseln einander ab, dazwischen wuchern Palmen und riesige Hortensienbüsche. Der Hafen dient kaum noch dem Fischfang, dafür hat der Betrieb mit Sportbooten erheblich zugenommen. Alljährlich dient er auf der Segelregatta »Tour de France à voile« als Etappenziel. Natürlich ist auch die Kirche von Perros-Guirrec, ebenso wie die nahe gelegene Kapelle Notre-Dame-de-la-Clarté, aus rosafarbenem Granit erbaut. Notre Dame wurde im 15. Jahrhundert errichtet und verfügt über einen Kreuzweg mit Malereien von ***Maurice Denis***, dem Begründer der Ateliers d'art sacré. Hauptsächlich ist dieser Ort dem Schutz der Seeleute geweiht, doch nehmen viele Pilger die Bittwallfahrt am 15. August auch als Gelegenheit, um Heilung oder Linderung von Augenleiden zu erbitten.

Ein alter Zollpfad führt von Perros nach Ploumanac'h, dem »Mönchspfuhl«. Hier liegen die spektakulärsten Rosengranit-Felsen, von denen viele nach ihren skurrilen Formen benannt sind: der Elefant, der Hase, der Fuß, der Holzschuh, der Napoleonhut, das Schloss des Teufels ...

Am Strand von Saint-Guirec im Schutz der gleichnamigen Bucht findet man auf einem Felsen, der bei Flut überspült wird, eine kleine Betkapelle. Vom 12. Jahrhundert an kamen junge Frauen hierher, um den Heiligen zu bitten, ihnen einen Ehemann zu schicken. Sie steckten eine Nadel in das Standbild des Heiligen, die keinesfalls herausfallen durfte, wenn eine baldige Hochzeit in Aussicht stehen sollte. Leider hat die Statue den Belastungen nicht Stand gehalten und wurde später durch einen Heiligen aus Granit ersetzt ...

Faszinierende Landschaften aus Rosengranit markieren auch die Küste bej Trégastel: die Hexe, die Schildkröten, das Kamel, der Pilz, der Pfannkuchenstapel ... Um die Halbinsel Renote wird die Landschaft noch wilder. Einen besonders beeindruckenden Felsen hat man »König Gradlon« getauft. Ganz in der Nähe findet man inmitten bestellter Felder auch andere große Steine, die jedoch von Menschen aufgestellt wurden: die Dolmen und die Steinallee von Kerguntuil.

Trégastel und Ploumanac'h vorgelagert liegen zahlreiche Inseln und Inselchen im Meer. Zu diesen gehört die Gruppe der Sept Îles, die ein Vogelreservat beherbergt. Nur die Île aux Moines darf man betreten, nicht jedoch die übrigen Inseln mit ihrer Bevölkerung aus Basstölpeln, Papageientauchern und anderen gefiederten Fischern. Von Trébeurden aus hat man eine schöne Aussicht auf die umliegende Küstenlandschaft von der Halbinsel Castel bis zur Landzunge von Bihit, die weiter südlich die Strände überragt.

Ein Stück weiter in Pleumeur-Bodou treffen Geschichte und Moderne aufeinander. Hier schwebt wie ein riesiger, weißer Ballon die Kuppel des Forschungszentrums für Satellitenkommunikation. Von hier aus gelang 1962 die erste Fernseh- und Telefon-Direktschaltung mit den Vereinigten Staaten. Ganz in der Nähe dagegen erhebt sich der Menhir von Saint-Duzec mit acht Metern Höhe. Der Stein wurde zu einem unbekannten Zeitpunkt vom Christentum vereinnahmt und mit Bildern der Passionsgeschichte, einer Sonne und einem Mond behauen. An seiner Spitze ragt ein Kreuz auf. Der Legende nach liegt ganz in der Nähe die Halbinsel Avalon, wo König ***Artus*** begraben sein soll.

Das Schloss Costaëres

Die Türme des Schlosses auf der kleinen Insel Costaëres vor der Rosengranitküste überragen ein kleines Wäldchen. Sie wirken mittelalterlich, stammen aber aus dem 19. Jahrhundert.

In einer sanfteren Landschaft kauert sich Lannion in eine Nische der Mündung des Léguer. Am linken Ufer sieht man noch die Gebäude und Gärten eines Klosters, während jenseits der Brücke Fachwerkhäuser mit Schieferdächern die Kirche umgeben. Das Viertel Brélévenez, das die Stadt überragt, war früher einmal eine Hochburg der Templer. Die Kirche, die sie im 12. Jahrhundert hier errichteten, steht noch immer am Ende einer langen Treppe, wurde jedoch mehrfach umgebaut.

An der Mündung des Léguer liegt Le Yaudet, wo noch Reste römischer Mauern zu besichtigen sind. Der reizende, kleine Hafenort besitzt eine Kapelle am Rand der Bucht, in der man eine interessante Skulpturengruppe findet: die ***Jungfrau Maria*** und ***Jesus*** ausgestreckt in einem Bett. An den beiden äußeren Enden der Bucht liegen Saint-Michel-en-Grève mit seinem breiten Strand, an dem sich begeisterte Wasserskiläufer und Windsurfer tummeln, sowie Plestin-les-Grèves, ein kleines Dorf, in dessen Kirche das Grab von ***Saint Efflam*** liegt. Dieser irische Einsiedler hat seinen Namen der Nachbarstadt gegeben, wo ihm ebenfalls eine Kapelle gewidmet ist.

Die Côte du Léon

Von Morlaix zur Île Vierge

Rings um Saint-Pol-de-Léon, die Hauptstadt der berühmten Artischockensorte »Prince de Bretagne«, liegt die Region Léon, die der Kultur und der Nahrung gewidmet zu sein scheint. Früher produzierte man hier Tuch, heute baut man feines Gemüse an. Im Westen führt, von tiefen Flussbetten durchschnitten, die Côte des Légendes von der Pointe Saint-Mathieu bis an den Rand der großen Hafenstadt Brest.

An der Grenze zwischen dem Trégor und dem Léon liegt an der Mündung des Dossen, den man auch »Rivière de Morlaix« nennt, die Stadt Morlaix. Seit 1863 überspannt ein gewaltiges Viadukt den Fluss und dominiert die Stadt. Einst Sitz der Herzöge der Bretagne, hat sie sich das Flair einer reichen Stadt mit langer Geschichte erhalten. Zuerst siedelten hier die Gallier, später wurde der Ort zu einem römischen Lager. Dann entwickelte sich hier ein lebhaftes Zentrum des Fischfangs, des Handels und des Kunsthandwerks, das im 13. Jahrhundert einen Aufschwung erlebte. Seinen Wohlstand verdankt Morlaix vor allem dem Leinen. Um die Mitte des 15. Jahrhunderts wurde der Flachs, der in der Region angebaut und verarbeitet wurde, ausschließlich durch Bürger von Morlaix verkauft – vor allem nach Spanien und Portugal. Auch Salz aus Guérande und Weine aus Bordeaux gingen durch ihre Hände. Bis zum 18. Jahrhundert war dies einer der wichtigsten Häfen am Kanal, von dem auch Fisch, Leder und Papier nach Nordeuropa verschifft wurden. In den Häusern der malerischen Altstadt lebten früher Reeder und Schiffsmakler. Beiderseits der Grand-Rue, der Rue au Fil, der Rue Ange-de-Guernissac und anderer enger Straßen, Gassen und steiler Treppen findet man hübsche Häuser mit Kuppeltürmchen, verzierten Gesimsen und Fassaden. Eines von ihnen ist das »Maison de la Duchesse Anne«. Es erinnert an einen prächtigen Empfang, der ihr anlässlich ihrer Reise durch das Herzogtum im Jahre 1505 bereitet wurde.

Auch Freibeuter liefen von diesem Hafen aus, und die Beziehungen zu England waren häufig gespannt. Im Jahre 1522 plünderten die Engländer die Stadt. Um sich zu schützen, errichtete man zwanzig Jahre später auf einer kleinen, dem Hafen vorgelagerten Insel eine gewaltige Festung, das Château du Taureau, das man sogar von der Landzunge Penn-al-Lann bei Carantec sehen kann. Die Morlaisiens setzten sich den Löwen aufs Wappenschild, um dem englischen Leoparden etwas entgegen zu halten. Aus dieser Zeit stammt die Redensart: »Wenn sie dich beißen, beiß zurück.« In wirtschaftlicher Hinsicht wandte sich Morlaix im 17. und 18. Jahrhundert der Verarbeitung von Holz und Edelmetallen zu. In dieser Zeit siedelten sich hier zahlreiche Tischler sowie begabte Bildhauer und Goldschmiede an. 1736 entstand eine Tabakmanufaktur, die lange Zeit ein wichtiger Wirtschaftsfaktor der Stadt war. Noch heute werden in den Gebäuden, die damals errichtet wurden, Zigarren hergestellt.

Etwas weiter nördlich liegt Saint-Jean-du-Doigt, seit dem 15. Jahrhundert ein Pilgerort. In der dortigen Kirche wird als heilige Reliquie ein Fingerglied aufbewahrt, das angeblich von ***Johannes dem Täufer*** stammen und Augenleiden heilen soll. Ganz in der Nähe befindet sich eine Quelle, die mit Bildnissen von Gottvater, Jesus und dem Heiligen Geist geschmückt ist und durch die Münder steinerner Engel gespeist wird. Noch heute wird die Reliquie regelmäßig in die Quelle getaucht, damit die Kranken von dem mit wunderbaren Kräften angereicherten Wasser schöpfen können. Auch ***Herzogin Anne***, die bei ihrer Durchreise durch Morlaix selbst krank war, soll angeblich an dieser Quelle Heilung gesucht haben. Nachdem sie von ihrem Leiden geheilt war, habe sie die nötigen Mittel zur Verfügung gestellt, um den Bau der Kirche zu beenden.

Die Kapelle Sainte-Barbe bei Roscoff

Der schöne Glockenturm der Kirche Notre-Dame-de-Croaz-Batz im Stil der Renaissance ist zu Recht berühmt, ebenso wie die in Stein gehauenen Schiffe, die von der Freibeuter-Vergangenheit der Stadt erzählen. Diese Saint-Barbe geweihte Kapelle ist wesentlich schlichter. Sie wurde zu Beginn des 17. Jahrhunderts auf einem Felsvorsprung erbaut, von dem aus man die Stadt und den Hafen auf der einen sowie die Austernbänke auf der anderen Seite überblicken kann. Alljährlich ziehen während einer Bittwallfahrt die Pilger quer durch die Stadt bis zu dieser einfachen, weiß gekalkten Kapelle.

Bevor Saint-Pol-de-Léon zu einem bis in unsere Zeit bedeutenden Handelsplatz für Gemüse wurde, war die Stadt unter der Führung ihres ersten Bischofs das religiöse Zentrum der Region. Noch heute sind Zeugnisse dieser Zeit überall zu finden. Der gewaltige Granitturm der Kirche Notre-Dame-du-Kreisker mit seiner Höhe von mehr als 70 Metern diente als Vorbild für viele andere Kirchbauten. Die alte Kathedrale, erbaut auf römischen Fundamenten, wurde im 16. Jahrhundert fertig gestellt. Der Bau aus Kalksandstein und Granit zeigt deutliche normannische Einflüsse. Die Südseite der Kirche ziert eine bemerkenswert schöne Rosette. Im Inneren findet man ein prächtiges Chorgestühl aus dem 16. Jahrhundert sowie einige geschnitzte Reliquienschreine, in denen Schädel aufbewahrt werden, die auf dem alten Friedhof exhumiert wurden. Ein Spazierweg führt zu einem Vorsprung, von dem man einen schönen Blick auf die Bucht von Morlaix hat. Auch der Sainte-Anne-Felsen in der Nähe des Hafens von Pempoul bietet eine hinreißende Aussicht bis nach Roscoff.

Roscoff, der »Hügel des Schmieds«, erlebte einmal die Ankunft des Schiffes der jungen ***Maria Stuart***, die gerade den künftigen König ***François I.*** geheiratet hatte. Eines der Häuser in der Altstadt trägt noch heute den Namen dieser kurzzeitigen Königin von Frankreich, deren tragisches Schicksal viele Schriftsteller inspiriert hat. Die schönen Granithäuser dieses Viertels legen Zeugnis vom früheren Reichtum der Reeder ab. »Schlupfwinkel der Freibeuter, altes Korsarennest! Schlaf ruhig in deinem sicheren Granit, wenn im Sturm die Flut in deine Höhlen eindringt.« Wie diese Verse von ***Tristan Corbière*** verraten, war Roscoff bis zum Ersten Kaiserreich eine Hochburg der Piraten. Ihre Spuren findet man, als Reliefs in Stein gehauen, noch heute an den Mauern der Kirche Notre-Dame-de-Croaz-Batz mit ihrem prächtigen Glockenturm. Der Hafen, in dem heute überwiegend die Kutter von Hummer- und Langustenfischern liegen, bietet seit etwa zwanzig Jahren auch eine regelmäßige Fährverbindung nach England. Auch Schiffe zur Île de Batz legen von Roscoff ab. Die von Feldern bedeckte Insel hat ein ungewöhnlich mildes Klima und lebt hauptsächlich vom Gemüseanbau und der Tangernte. Ursprung der Besiedlung ist ein von ***Pol-Aurélien*** gegründetes Kloster. An der nördlichen Küste findet man einen Felsen, von dem der Heilige einen Drachen in die Fluten gestürzt haben soll, der die Insel bedrohte. Es heißt, er habe seine Stola als Leine benutzt, um ihn hierher zu führen. Weiter südlich liegt die kleine, von wilder Vegetation und Felsen bedeckte Insel Sieck, die nur bei Ebbe mit dem Festland verbunden ist.

Auf dem Festland erstrecken sich zwischen der Bucht von Kernic und der Pointe de Pontusval mit ihren skurrilen Felsen die weißen Sandstrände von Plouescat und Brignogan. Man kann sich kaum vorstellen, dass dies einmal eine Hochburg von Strandräubern war, die in Sturmnächten auf Grund gelaufene Schiffe plünderten. Im Landesinneren erzählen Herrenhäuser und Schlösser vom Reichtum des Landes zur Zeit der Renaissance. Das Schloss von Maillé war ursprünglich ein großer Landsitz, der im 16. Jahrhundert ausgebaut und erweitert wurde. Im folgenden Jahrhundert gaben die hiesigen Schlossereien Wandmalereien in Auftrag, die

sich an die Werke großer Künstler anlehnten: ländliche und biblische Szenen, die zu dieser Zeit in Aristokratenkreisen groß in Mode waren. Auch der Landsitz von Traonjoly mit seinen Dachluken und Erkerfenstern ist ein schönes Beispiel für den Geschmack der bretonischen Aristokratie im 16. und 17. Jahrhundert. In der Nähe befindet sich auch die Festung der ***Kérouzéré***, die im 15. Jahrhundert von den mächtigen Lehnsherren der Region errichtet wurde. Und mitten im Herzen des Léon liegt das Schloss von Kerjean, eines der Prunkstücke der bretonischen Architektur des 16. Jahrhunderts. ***Henri Waquet*** beschrieb es als »ein bretonisches Schloss aus hellem Granit, der zwischen den dunklen Ulmen leuchtet (...) gebaut für den Rückzug und die Verteidigung, weit weniger jedoch für heitere Vergnügungen und rauschende Feste«. Tatsächlich verschanzt sich Kerjean, das während der Liga-Kriege erbaut wurde, hinter soliden Wällen, die der Eleganz der Renaissance den Charakter einer Festung hinzufügen. Heute befindet sich darin ein Museum für bretonische Möbel.

Der höchste Leuchtturm Europas krönt die Île de la Vierge am Beginn des Pays des Abers, das auch »Côte des Légendes« genannt wird. Hier treffen der Ärmelkanal und der Atlantische Ozean aufeinander.

Der Hafen von Lanildut

Die Côte des Abers ist eine der interessantesten Landschaften der Nordbretagne. Lange Täler mit sanften Hängen laufen aufs Meer zu und schneiden tief in die Landschaft. Lanildut liegt an der Mündung des Ildut und ist ein wichtiger Hafen der Tangfischer. Der Tang wird als Dünger verwendet, aber auch zur Herstellung chemischer und pharmazeutischer Produkte.

Von Abers bis Brest

Hier gibt es keine schroffen Felsküsten. Bei Flut dringt das Wasser weit über die abgerundeten Landzungen, die erst bei Ebbe sichtbar werden, ins Land vor. In den Flusstälern fließen nur dünne Rinnsale durch die Marschen. Besonders interessant ist die Mündung des Wrac'h, des »Hafens der Fee«, der früher einmal den phönizischen Handelsschiffen mit ihrer Ladung aus Zinn als Zuflucht diente. Die Mündung zeigt zur Baie des Anges, die durch vorgelagerte Riffs und Inseln vor Stürmen geschützt wird. Vom ehemaligen Kloster Notre-Dame-des-Anges sind nur noch wenige Ruinen auf dem linken Flussufer zu erkennen. Heute ist der Hafen von Aber-Wrac'h ein wichtiges Seefahrtszentrum. Nicht weit davon liegt die Mündung des Benoît mit gewundenen Ufern zwischen den Dünen von Sainte-Marguerite und Corn-ar-Gazel. An der Küstenstraße, die bis bis zum Felsen von Crapaud, der die Mündung des Ildut dominiert, führt, liegen viele kleine Häfen.

Pierre Marc Orlan erzählt von Straßen, in denen Seeleute und Menschen auf der Durchreise verkehrten, *Jaques Prévert* beschwört die Rue de Siam herauf – doch dieses Brest wurde im Zweiten Weltkrieg durch die deutschen Besatzungstruppen, an deren Ende 1944 die Stadt schließlich befreit wurde, ausgelöscht. Drei Viertel der Stadt wurden zerstört und nach dem Krieg neu aufgebaut. Das etwas höher gelegene Viertel Saint-Martin blieb weitgehend verschont. Von hier aus hat man einen faszinierenden Blick auf die Reede.

Die riesige Reede gilt mit ihren Flussmündungen, die sich durch hohe Felshänge schneiden, als eine der schönsten der Welt. ***Boudin*** hat sie in vielen Ansichten gemalt. Die Marinemaler sowie die Brüder ***Ozanne***, Kupferstecher des 18. Jahrhunderts, haben sich dagegen vorwiegend von den Hafenanlagen sowie den Ansichten der Schiffe inspirieren lassen. Diese Reede, die mit dem Ozean durch einen sechs Kilometer langen, schmalen Kanal verbunden ist, können auch sehr große Schiffe anlaufen. Schon die Römer hatten hier ein Kastell errichtet, auf dessen Grundmauern im 11. Jahrhundert ein Schloss gebaut wurde. Während des Erbfolgekrieges wurde Brest im Jahre 1341 von den Engländern besetzt, die ***Jean de Montfort*** zu seinen Verbündeten gemacht hatte. Doch konnten sich diese Verbündeten erst wieder entschließen, den Ort zu verlassen, nachdem der französische König ***Charles VI.*** seine Tochter dem englischen König ***Henri V.*** zur Frau versprochen hatte. Die eigentliche Entwicklung der Stadt fand jedoch im 17. Jahrhundert statt, als ***Richelieu*** dort ein Arsenal einrichtete und Brest damit zum größten Militärhafen der Region machte. Er verstärkte auch die Kampfkraft der französischen Kriegsflotte und stellte so den Nachbarn von der anderen Kanalseite eine solide Verteidigungsbasis gegenüber. ***Colbert*** richtete in der Stadt Schulen für Marinewesen und Meeresforschung ein. Unter ***Vauban*** wurden die Bollwerke der Stadt errichtet, unter ***Vergennes*** fand eine Erweiterung der Hafenanlagen statt. Im 18. Jahrhundert verfügte Brest über Werften, die zu den bedeutendsten in Europa zählten und die Besucher aus vielen Ländern anzogen, darunter den ***Kaiser von Österreich*** und den russischen ***Zarewitsch***. An den Kriegsschiffen arbeiteten zu jener Zeit Holzbildhauer mit, die sich in Einfallsreichtum und Kunstfertigkeit bei der Gestaltung von Gallionsfiguren und verzierten Steven zu übertreffen suchten. ***Coysevox*** zählt beispielsweise zu den Künstlern, die aus den Werkstätten von Brest stammten. Die Bildhauer und Zimmerleute aus Brest wurden aber auch zu zivilen und kirchlichen Bauten in der ganzen Region gerufen. Viele von ihnen haben sich als Kunsttischler und Bildhauer hervorgetan. In Brest gingen die Truppen des Siebenjährigen Krieges an Bord, ebenso ein großer Teil der Verstärkungstruppen für den amerikanischen Unabhängigkeitskrieg. Zu dieser Zeit sorgte der Sieg des Schiffes *La Belle-Poule* über eine englische Fregatte in der Reede von Brest für Gesprächsstoff und führte sogar zur Entstehung der Frisur »à la Belle-Poule«, die am Hof Furore machte. Noch unter ***Ludwig XVI.*** stachen von Brest aus die beiden Schiffe der ***Bougainville***-Expedition, *La Boussole* und *L'Astrolabe*, in See.

Brest

Brest ist nicht nur ein Militärhafen, sondern seit 1860 auch ein bedeutender Handelshafen, der heute mit dem gleichnamigen Bezirk durch die Brücke Pont de Recouvrance verbunden wird. Diese größte Hebebrücke Europas führt über den Penfeld und mündet in die Rue de Siam, die an eine persische Delegation erinnert, die hier im 17. Jahrhundert einlief, um Ludwig XIV. einen Besuch abzustatten. Im 18. Jahrhundert errichtete man auf dem Gebiet des Militärarsenals ein Zuchthaus, dessen Insassen bald herangezogen wurden, um die Bollwerke in einen Spazierweg umzubauen, den heutigen Cours Dajot. Flaubert schrieb: »Hier endet die alte Welt. Hinter euch liegt ganz Europa und ganz Asien, vor euch nur das Meer, das ganze Meer.«

Eine Möglichkeit, die Schönheit der Einfahrt zur Reede von Brest zu entdecken, besteht darin, eine Bootsfahrt zur vorgelagerten Inselgruppe Ouessant zu unternehmen. Das Fahrwasser verläuft zwischen steilen Felsufern und kleinen Inseln, bis man schließlich durch die Bucht von Stiff nach Ouessant einläuft. Der aus Brest stammende ***Henri Queffélec*** hat diese Insel am Ende der Welt mit ihren zerklüfteten Felsen und starken Strömungen unsterblich gemacht. Im Winter versinkt sie in dichtem Nebel oder wird von heftigen Winden gepeitscht. Im Westen liegt die Burg von Lampaul, angeblich die erste Etappe auf der Reise des Apostels des Léon, ***Pol-Aurélien,*** durch Armorika. Der ***Heilige Gildas*** soll sich einmal nahe der Landzunge von Créac'h aufgehalten haben, wo sich heute einer der stabilsten Leuchttürme der Welt erhebt. Die Häuser von Ouessant sind niedrig und dem Wind abgewandt gebaut. Viele haben noch traditionelle Fensterläden, die in einem Blau gestrichen sind, das man »bleu d'Ouessant« nennt und das auch auf alten Möbeln häufig anzutreffen ist. Auf dieser Insel, wo wegen des starken Windes keine Bäume wachsen, baute man Möbel aus dem Holz von Schiffen, die auf den Klippen zerschellt waren und das man mit einem frischen Anstrich wieder zum Leben erweckte. Die landeskundliche Ausstellung im Maison des Techniques et Traditions in Niou-Huella zeigt einige typische Beispiele. Auf ebenen Flächen mit einem Bewuchs aus Heidekraut und Ginster, die von Mauern gegen den Wind geschützt sind, fressen Schafe das salzige Gras. Das Hüten der Schafe war, ebenso wie die Landwirtschaft, Aufgabe der Frauen, während die Männer, die in den gefährlichen Gewässern rings um die Insel kaum fischen konnten, sich hauptsächlich der Handelsschifffahrt zuwandten. So galten die Frauen über lange Zeit als Herrinnen der Insel und besaßen das Privileg, sich ihren Ehemann selbst auszusuchen. Die Inselgruppe wurde schließlich dem Naturschutzgebiet Parc Naturel d'Armorique angegliedert. Ouessant beherbergt, ebenso wie die Nachbarinseln, zahlreiche Meeresvögel und sogar eine Kolonie von Robben.

Am Ende der Reede von Brest liegt am Elorn die ehemalige Hauptstadt des Léon, Landerneau. Ein Ufer gehört zu Léon, das andere zu Cornouaille. Schon im Mittelalter war Landerneau ein etablierter und wohlhabender Handelshafen, der in den folgenden Jahrhunderten durch den Export von Leinenstoffen und Leder nach ganz Europa noch ausgebaut wurde. Rings um die beiden Kirchen wechseln Fassaden aus hellem Logonna-Gestein mit Granithäusern ab, dazwischen findet man Fachwerkhäuser mit Schieferdach. Im Herzen der Stadt liegt die Brücke Pont Bâti, die zu Beginn des 16. Jahrhunderts von der Familie ***Rohan*** als Ersatz für eine Holzbrücke gebaut wurde. Sie gehört zu den wenigen noch bewohnten Brücken Europas und trägt eine Reihe

Ouessant

Dem Finistère vorgelagert liegt am äußersten Ende des Festlandes die Inselgruppe Ouessant. Hier herrschen so starke Winde, dass keine Bäume gedeihen. Die Gewässer rings um die Insel sind wegen der Felsen, der Winde und der starken Strömungen sehr gefährlich. Im Westen erhebt sich der Leuchtturm von Créac'h, der zu den stabilsten der Welt gehört.

wunderschöner Häuser, in denen noch immer Geschäfte untergebracht sind. In ganz Léon und Cornouaille sind die Werke der Künstler – insbesondere der Holzbildhauer – aus den Werkstätten von Landerneau zu bewundern. Zahlreiche Beispiele stammen aus der großen Epoche der umfriedeten Pfarrbezirke. Zu den bedeutendsten Werkstätten gehören die von ***Leroux*** sowie von ***Lerrel*** in Landivisiau und von ***Lespagnol*** in Morlaix.

Die Côte de Cornouaille

Von der Aulne bis zum Odet

Der Gipfel des Menez-Hom überragt mit seinen 300 Metern Höhe die langgestreckte Halbinsel Crozon. Am Fuß des Berges scheint die Kapelle Sainte-Marie du Menez-Hom über die wilde Landschaft zu wachen, in der sich schroffe, vom Ozean ausgewaschene Schluchten zwischen der Reede von Brest und der Bucht von Douarnenez erstrecken. Die kleine Halbinsel Landévennec, die durch einen Bogen der Aulne gebildet wird, ist dagegen eine grüne Oase, in der auch Palmen gedeihen. Hier stehen die Ruinen der ersten Abtei, die im 5. Jahrhundert vom ***Heiligen Guénolé*** gegründet wurde. Bald überstrahlte die Abtei die ganze Region, bis sie im 9. Jahrhundert von den Normannen geplündert wurde. Sie wurde schnell wieder aufgebaut und überdauerte die verschiedenen Krisen des Mittelalters, ging jedoch während der Revolution unter. Die verlassene und geplünderte Abtei, in der sich laut der Legende das Grab des Königs von Ys befindet, war lange Zeit ein Symbol des bretonischen Glaubens. Seit den 1950-er Jahren kann man die Abtei wieder besuchen. Die Benediktiner ließen sich ein Stück oberhalb in einem neuen Kloster mit Blick auf den Fluss nieder.

Die Pointe des Espagnols, die sich in die Reede von Brest vorschiebt, erinnert daran, dass dieser Zugang während der Religionskriege von den Ligisten mit Unterstützung von Truppen des spanischen Königs ***Philippe II.*** verteidigt wurde. Ganz in der Nähe lebte der Dichter ***Saint-Pol-Roux*** in seinem Landhaus Coecilian. Es liegt auf einer Düne unweit der Megalithanlage von Lagatjar, wo nahezu 150 Menhire zu sehen sind. In Camaret, wo der Dichter begraben wurde, sieht man noch heute einen Turm aus rotem Gestein, der von ***Vauban*** auf der Pointe du Sillon errichtet wurde und dabei half, einen Angriff der holländisch-englischen Flotte im Jahr 1694 abzuwehren. Allerdings verlor die Kirche Notre-Dame-de-Rocamadour dabei ihren Glockenturm.

Die Pointe de Pen Hir am äußersten Ende der kreuzförmigen Halbinsel fällt mit riesigen, schroffen Klippen ins Meer ab. Ihr vorgelagert sind felsige Riffs, die »tas de pois« genannt werden. Kurz hinter dem Kap de la Chèvre, einem 100 Meter hohen Felsvorsprung, liegt der Strand von Morgat in einer geschützten Bucht unterhalb eines Pinienwaldes. In den Felsen der Umgebung findet man zahlreiche Grotten, die mit ihren Wasserpflanzen und den irisierenden Farben einen faszinierenden Anblick bieten. Crozon, die Heimat von ***Louis Jouvet***, präsentiert in seiner Kirche ein bemerkenswertes Altarblatt aus dem 17. Jahrhundert, das die Leiden der christlichen Soldaten unter Kaiser ***Hadrian*** darstellt.

An der Quelle der Aulne liegt Châteaulin. Die Stadt trägt in ihrem Wappen einen Lachs, der daran erinnert, dass dieser Fluss ein wichtiges Fanggebiet für diesen Edelfisch ist. Die Steinbrüche in der Umgebung liefern Schiefer und Rosengranit. Die schattigen Flussufer der Stadt liegen am Fuß eines Hügels, der von den Überresten eines Schlosses und der dazugehörigen Kirche Notre-Dame gekrönt wird. In seine Bucht gekauert liegt die Stadt Douarnenez, ein bedeutender Fischereihafen, der sich vor allem wegen der Langusten und der Sardinen-Konservierung einen Namen gemacht hat. Mit der Einrichtung des Bootsmuseums Musee du Bateau in Port-Rhu im Jahre 1993 kam eine weitere Attraktion hinzu. Doch der Ort ist auch mit den Legenden und dem Glauben eng verknüpft. Angeblich soll die legendäre Stadt Ys vor seiner Küste liegen, außerdem habe König ***Marc*** von Cornouaille hier einen Palast besessen. Die der Mole vorgelagerte Insel ***Tristan*** trägt den Namen seines Neffen. Diese kleine Insel hat neben der romantischen Episode der unglücklichen Liebe Tristans auch härtere Zeiten erlebt, als nämlich während der Zeit der Liga ***La Fontenelle*** hier seinen Schlupfwinkel bezog.

Ein Sprichwort sagt: »Tot oder lebendig – jeder Bretone muss einmal nach Sainte-Anne gehen.« Es bezieht sich auf die große Bittwallfahrt nach Sainte-Anne-la-Palud im Norden von Douarnenez, die seit Jahrhunderten alljährlich im August zahlreiche Gläubige anzieht. Nach einer Prozession hinter dem Kreuz und goldbestickten Fahnen, dem Hochamt und einem Rückweg mit Fackeln enden die Feierlichkeiten mit einem ausgelassenen Volksfest.

Südlich von Douarnenez schiebt an der westlichsten Spitze des Landesteils die Pointe du Raz ihre schwindelerregend hohen Felsen ins Meer. Hier zeigt sich der Ozean mit all seiner Macht und wird zum Ursprung von makabren Legenden. Aus der Hölle von Plogoff, die in den felsigen Vorsprung gewaschen ist, erhebt sich das Dröhnen der eindringenden Brandung. Es heißt, dies Geräusch sei das Stöhnen der »Anaons«, der herumirrenden Seelen, die in der Bucht der Dahingeschiedenen ins Jenseits aufbrechen. Ein besonders gefährliches Fahrwasser trennt die Landzunge von der Île de Sein, wo angeblich früher die Druiden beerdigt wurden. Ein Sprichwort sagt: »Wer Sein sieht, sieht sein Ende.«

Die Kapelle Saint-They

Am Fuß der Landzunge, die sich von Cornouaille aus in den Ozean vorschiebt, umschließt die Pointe du Van die Baie des Trépassés (Bucht der Dahingeschiedenen) im Norden, während die Pointe du Raz sie im Süden begrenzt. Wie so häufig haben auch hier die Menschen eine Kapelle hoch über dem Meer errichtet, das sich auf den steilen Felsufern bricht. Der Legende nach ist diese Bucht, in der sich der Ozean in all seiner Gewalt zeigt, der Ausgangspunkt für die Reise der Verstorbenen ins Jenseits. Meer, Felsen und Heideflächen bilden hier eine besonders faszinierende Küstenlandschaft.

Auf der flachen, nackten Insel, die kaum aus dem Meer ragt, findet man trotz allem eine Ansammlung kleiner, farbenfroher Häuser und – wie auf Houat – eine Hummerzucht. Die Gassen sind eng und gewunden, um den Wind zu brechen, und auch hier ist die Legende wieder zu spüren: Eine der Straßen heißt »Monte-au-Ciel« (Aufstieg zum Himmel).

An der Mündung des Goyen am Fuß eines bewaldeten Hügels schließen sich bei Audierne freundlichere Gebiete an. Der große, dem Langusten- und Hummerfang gewidmete Hafen beherbergt in der Nähe der Fischzuchtbecken auch ein typisches Gehöft im Stil vergangener Jahrhunderte, in dem man alte Möbel und Gerätschaften besichtigen kann. Am Ende der Mündung liegt das hübsche Städtchen Pont-Croix rings um eine schöne Kirche, deren älteste Bestandteile auf das 13. Jahrhundert zurückgehen.

Am Zusammenfluss der Flüsse Odet, Steir und Jet liegt Quimper, die Hauptstadt der Cornouaille, am Fuß des Berges Frugy in einer hügeligen Landschaft. Es heißt, König ***Gradlon*** habe sich nach dem Untergang der Stadt Ys hierher geflüchtet, und so wacht sein Reiterstandbild über dem Platz vor der Kathedrale Saint-Corentin, die zu den schönsten der Westbretagne gehört. Sie entstand zwischen dem 13. und 15. Jahrhundert. Erst wesentlich später – im Jahre 1855 – wurden die beiden Türme hinzugefügt, denen die von Pont-Croix als Vorbild dienten. ***Corentin***, der erste Bischof der Stadt, ernährte sich der Legende zufolge von einem wunderbaren Fisch: Jeden Tag aß er ein Stück davon, das jedoch bis zum nächsten Tag wieder nachwuchs. Rings um die Kathedrale liegt ein Netzwerk aus kleinen Gassen und alten Häusern. Zwischen dem Odet und dem Steir gibt es Spazierwege, an denen schon ***Flaubert*** sein Vergnügen hatte: »Dies ist ein reizender, kleiner Ort (...) Ich kenne nur wenige Plätze mit einem so angenehmen Ausblick wie diesen Weg, der endlos am Meer entlang führt und auf den der Steilhang des nahe gelegenen Berges den lichten Schatten seines grünen Bewuchses wirft.«

Quimper ist eine Hochburg der Fayence, die hier traditionell mit Personen in bretonischer Tracht oder mit floralen Motiven dekoriert wird. Das Viertel Locmaria am Fuß des Berges ist ein Zentrum dieser Kunst, seit sich 1690 hier der provençalische Töpfer ***Jean-Baptiste Bousquet*** niederließ. Zwei Museen zeigen Sammlungen alter Stücke, und mehrere Fabriken blicken auf eine lange Tradition zurück. Im Juli kann man zu den folkloristischen Festen der Cornouaille kunstvolle, hohe Spitzenhauben und traditionelle Trachten in den Straßen der Altstadt sehen.

Die Kathedrale von Quimper

In Quimper, wo drei Flüsse zusammenfließen, findet man eine der interessantesten gotischen Kathedralen der Bretagne. Sie wurde zwischen dem 13. und 15. Jahrhundert auf den Grundmauern eines römischen Baus errichtet und verbindet bretonische und normannische Einflüsse. Die Stadt heißt schon seit langer Zeit Quimper-Corentin. Mit dem Namen wird der erste Bischof geehrt, der neben dem Heiligen Guénolé ein Berater des Königs Gradlon war. »Sanftes Quimper, Wiege meiner Kindheit«, schrieb Max Jacob, der in Quimper geboren wurde – ebenso wie Kerguélen, der Entdecker des gleichnamigen Archipels, und Laënnec, der Erfinder des Stethoskops.

Das Pays Bigouden

Das Schloss von Pont-Labbé im Herzen des Bigouden beherbergt ein Museum, das der Geschichte dieser Hochburg der Basse-Bretagne gewidmet ist – einer Region, in der die Traditionen tiefer verwurzelt zu sein scheinen als andernorts. Das Bigouden liegt zwischen der Bucht von Audierne und dem Odet, eingefasst von felsigen Küsten. Es ist seit jeher ein Land der Seefahrer.

Im Mittelalter fuhren die Küstenschiffer von Penmarc'h bis nach Bordeaux. Im 15. und 16. Jahrhundert war ihr Haupterwerb der Handel mit Weinen aus dem Bordelais, mit Färberwaid aus Toulouse und mit Getreide. Penmarc'h hatte damals einen großen Ruf, es hieß sogar, dort gäbe es Spuren der versunkenen Stadt Ys. Dennoch reduzierte sich die Schifffahrt am Ende des 16. Jahrhunderts erheblich und die Stadt erlebte einen Niedergang. Die Angriffe des Seeräubers ***Le Fontenelle***, der die Einwohner ermorden und die Schiffe zerstören ließ, trugen ihren Teil dazu bei. Das von ***Colbert*** eingeführte »Klassensystem«, eine Art Militärdienst speziell für Seeleute, sowie die Kriege des 18. Jahrhunderts verschärften die Situation weiter. Viele Seeleute wurden für mehrere Jahre eingezogen und erlagen dem Skorbut oder fielen in Kämpfen. Die wenigen Heimkehrer waren in einem jämmerlichen Zustand. Nur Pont-l'Abbé und die Île Tudy konnten dem Niedergang entgehen, indem sie die Seefahrt an der ganzen Atlantikküste, in der Nordsee und in portugiesischen Gewässern aufrecht erhielten.

Einer Legende zufolge sind die hohen Hauben des Bigouden als Reaktion auf die Unterdrückung nach dem Aufstand des »Papier timbré« (Stempelpapier) entstanden. Nach dem Aufstand seien auf königlichen Befehl zahlreiche Kirchtürme im Gebiet von Combrit niedergerissen worden, woraufhin die Bigoudens diese Türme aus Spitze erdacht hätten, um an die zerstörten Kirchtürme zu erinnern. Obwohl diese Legende falsch ist, weil sich die hohen Hauben erst in späterer Zeit entwickelten, macht sie doch den Eindruck deutlich, den der Aufstand im Bigouden hinterlassen hat.

Die maritime Vergangenheit des Bigouden ist vielfach in Stein gehauen worden. In Penmarc'h bilden Fische, Seevögel und Fischerboote die Dekoration der Kirche Saint-Nonna. In Saint-Guénolé zeigt eine Kirche aus dem 15. Jahrhundert steinerne Schiffe an ihrem Turm aus Granit. An der Küste haben auch Seeleute kleinere Kapellen errichtet. Südlich von Plozévet findet bei Notre-Dame de Penhors alljährlich im September eine große Bittwallfahrt statt.

Mitten im Brachland steht die Kapelle von Languidou, Notre-Dame-de-Tronoën, die der Jungfrau ***Maria*** geweiht und ebenfalls Schauplatz einer Bittwallfahrt ist. Dahinter befindet sich der älteste Calvaire der Bretagne, der 1450 vermutlich auf einer ehemaligen heidnischen Kultstätte errichtet wurde.

Der Leuchtturm von Eckmühl an der äußersten Spitze der Pointe de Penmarc'h ist einer der stabilsten Frankreichs. Das Bigouden ist die Hochburg der bretonischen Hauben, und hier wird auch die Tradition der Spitzenherstellung noch gepflegt. In Kérity kann man noch heute Häuser sehen, die im 15. Jahrhundert von Schiffseignern errichtet wurden. Le Guilvinec ist heute ein lebhafter Hafen, ebenso Lesconil und Loctudy, wo täglich Langusten und Frischfisch angelandet werden.

Die Côte des Peintres

Hinter Benodet, dessen Bevölkerung sich in jedem Sommer wegen des großen Jachthafens und des Strandes am Rande bewaldeter Dünen verzehnfacht, liegt die Pointe de Beg-Meil, die nicht minder reizvoll ist. Das reizende Seebad zählte zu Beginn des 20. Jahrhunderts ***Marcel Proust*** und ***Sarah Bernhardt*** zu seinen illustren Gästen. Vorgelagert liegt die Inselgruppe Glénan, die als Vogelschutzgebiet fungiert, daneben aber auch eine berühmte Segel- und Tauchschule besitzt, die bei Wassersportlern höchstes Ansehen genießt.

Im Herzen der bewaldeten Bucht von La Forêt liegt Concarneau, der »Schlupfwinkel der Cornouaille«. Die Stadt lebt im Rhythmus der Fischauktionen. Der erste Tunfischhafen Frankreichs entstand auf einer felsigen Insel, die im 10. Jahrhundert durch Gräben und einfache Palisaden verteidigt wurde. Erst vier Jahrhunderte später entstand hier die solide Stadtmauer aus Stein. Im Erbfolgekrieg wurde die Stadt, die sich auf die Seite ***Montforts*** und somit gegen ***Blois*** gestellt hatte, von einer englischen Garnison besetzt. ***Du Guesclin*** musste sie drei Mal belagern, ehe sie sich ergab. Während der Gegenreformation war die Stadt von den Hugenotten umzingelt. Später verstärkte ***Vauban*** die Verteidigungsanlagen dieser umstrittenen Stadt.

Die ummauerte Stadt mit den engen Gassen im Korsett der Stadtmauer ist nur durch eine Brücke mit dem Festland verbunden. Das ehemalige Gefängnis wurde in den 1960-er Jahren zu einem Fischereimuseum umgestaltet. Seit 1905 findet in Concarneau alljährlich die Fête des Filets-Bleus statt, die ursprünglich ins Leben gerufen wurde, um den durch die Verwaisung der Fanggründe ruinierten Fischern zu helfen. Heute ist es eines der beliebtesten folkloristischen Feste der Bretagne. Seit einigen Jahren wird hier auch eine Messe maritimer Literatur veranstaltet, während der stets ein dem Meer gewidmetes Buch ausgezeichnet wird. Und schließlich wäre noch die skurrile Kirche Saint-Cœur de Marie zu nennen, die im 20. Jahrhundert nach dem Vorbild der Hagia Sophia in Istanbul gebaut wurde. Die ungeliebte Kirche, die 1987 durch einen Sturm stark beschädigt wurde, hat heftige Diskussionen über die Notwendigkeit ihrer Restaurierung entfacht.

Les Demoiselles de Concarneau verdanken ihre Bekanntheit ***Georges Simenon***, der die Stadt als auch

Le Guilvinec

Im späten Mittelalter war dieses Städtchen eine Erweiterung des Hafens von Penmarc'h, dessen Reeder den Seehandel am »Cap Caval« bestimmten. Damals nannte man den Westen des Landes noch nicht Bigouden. Heute ist dies einer der wichtigsten Häfen für den Langustenfang.

Schauplatz für seinen Kriminalroman *Le Chien Jaune* wählte. Doch die zahlreichen Galerien der Stadt erinnern vor allem an die lange Beziehung zur Malerei. Zwischen 1890 und 1950 versammelte sich hier die Groupe de Concarneau.

Eine zweite Hochburg der Malerei ist die Nachbarstadt Pont-Aven, die ebenfalls stolz auf ihr kostbares Erbe ist. »Die Umgebung von Pont-Aven, vor allem aber die Stadt selbst, bietet dem Zeichner, der hier seine Studien anfertigen möchte, Hunderte von bizarren Motiven.« Diese Zeilen, die ***Cambry*** 1794 in seinem Buch *Voyage dans le Finistère* notierte, wirken wie eine Prophezeiung. Pont-Aven, am Fuß eines Hügels gelegen, auf dem sich der Bois-d'Amour erstreckt, besitzt noch heute den Charme der Mischung aus lebhaftem Wasser und ruhigem Fluss, skurrilen Felsen und sanfter Vegetation, unter dem eine der bedeutendsten Bewegungen der modernen Malerei entstanden ist.

Den kleinen Hafen, in dem heute überwiegend Sportboote verkehren, durchquerte schon seit der Antike eine Furt, die eine Verbindung zwischen Quimperlé und Concarneau herstellte. Erst später baute man hier eine

Brücke über den Aven. Der Ort bot sich als Standort für Mühlen an, und so erhielt die Stadt im Mittelalter den Beinamen »Pont-Aven, berühmte Stadt mit vierzehn Mühlen und fünfzehn Häusern«. Durch die Aktivitäten der Müller entstand hier ein wohlhabender Marktflecken, wo bald auch reisende Händler Station machten. Während der Revolution erhielt der Ort den Status einer Gemeinde. Der noch immer aktive Küstenschiffer-Hafen entwickelte sich auch durch den Handel mit der Belle-Île und Groix. Hauptsächlich wurden Baustoffe, Weizen und Cidre umgeschlagen. Es heißt, im Gebiet um Fouesnant werde der beste Cidre der Welt gekeltert. In der lebhaften Stadt vervielfachten sich bald die Cabarets und Herbergen, die weitere Reisende anlockten. Von 1865 an trafen hier im Kielwasser von ***Robert Wylie*** die ersten Maler ein, die vorwiegend aus Amerika kamen. Bald gesellten sich andere Maler verschiedener Nationalitäten hinzu, und um 1876 umfasste die kleine Gemeinde etwa 50 Künstler. Es entstanden neue Ateliers und die Stadt bekam bald ein lebhaftes, kosmopolitisches Flair, das Kunstliebhaber und Urlauber anzog. In nur zwanzig Jahren wuchs die Bevölkerung der Stadt um ein Drittel.

Einer der beliebtesten Treffpunkte der Künstler war das *Hôtel Julia*, benannt nach der Wirtin des Hauses. 1860 eröffnete die Pension von ***Marie-Jeanne Gloanec***, und auch hier versammelten sich zahlreiche Künstler, unter denen ***Gauguin*** sicherlich der berühmteste ist. Als er 1866 zum ersten Mal nach Pont-Aven kam, hatte er schon als Seemann die Weltmeere bereist und eine Karriere im Finanzwesen aufgegeben, um sich ganz der Malerei zu widmen. Gauguin, der sich selbst den Beinamen »L'Indien« gab und stets auf der Suche nach dem »Primitiven« und »Barbarischen« war, musste sich zwangsläufig von dem künstlerischen Pflaster, zu dem Pont-Aven geworden war, angezogen fühlen. Während eines zweiten Aufenthaltes zwei Jahre später lernte er den zwanzigjährigen Maler ***Emile Bernard*** kennen. Gemeinsam entwickelten sie einen neuen Stil, den »Synthétisme«, der von großen, zerschnittenen und zerkratzten Farbflächen gekennzeichnet war. Im gleichen Jahr malte ***Paul Sérusier*** unter dem Einfluss von ***Gauguin*** eine Landschaft des Bois-d'Amour. »Eine gewaltige Landschaft, wie sie von Menschen nicht geschaffen werden könnte (...) in Farben, so rein, wie sie aus der Tube kommen, fast ohne eine Beimischung von Weiß«, sagte ***Maurice Denis***. Unter dem Namen »Talisman« wurde dieses Bild zu einem der bekanntesten Produkte der Bewegung, ebenso wie »Bretonnes dans la prairie verte« von ***Bernard*** und »Vision après le sermon« von ***Gauguin***.

Kerdruc

Am Ufer des Aven liegt der kleine Hafen von Kerdruc. Ganz in der Nähe gibt es schöne Strände und reizende Dörfchen mit Strohdachhäusern, die sich an die Flussmündung schmiegen und zum Reiz der Umgebung von Pont-Aven beitragen.

Der »Talisman« begeisterte auch spätere Maler wie ***Nabis, Bonnard, Vuillard*** oder ***Maurice Denis***. Die Künstler um ***Gauguin***, darunter ***Maufra, Filiger, Schuffenecker, O'Conor*** und andere, waren auch auf der Pariser Weltausstellung im Jahre 1889 vertreten und wurden als Meister der »Ecole de Pont-Aven« bekannt. Diese Berühmtheiten ließen den Zustrom von Neugierigen noch anwachsen, und so suchte sich ***Gauguin*** für seinen letzten Bretagne-Aufenthalt einen ruhigeren Ort. Er verbrachte fast ein Jahr gemeinsam mit ***Meyer de Haan*** in der Herberge von ***Marie Henry*** in Pouldu. Dieser einsame Ort an einer wilden Küste inspirierte ihn zu

einigen weiteren berühmten Gemälden. Gemeinsam mit seinem Gefährten bemalte er auch die Wände und Decken des Hauses, das heute in ein Museum umgewandelt wurde. Anschließend reiste ***Gauguin*** nach Tahiti ab. Doch das letzte Bild, das er bei seinem Tod unvollendet hinterließ, zeigt eine bretonische Landschaft.

Wenn man in Pont-Aven und der Umgebung spazieren geht, kann man an allen Ecken Details entdecken, die an diese Maler und viele andere nach ihnen denken lassen. Besonders charakteristisch sind der Bois-d'Amour, in dem die von bizarren Felsen gesäumte Promenade Xavier-Grall an einen der großen bretonischen Dichter erinnert. Die Malerei ist noch heute sehr präsent in der Stadt. Überall findet man Galerien, die die großen Namen der Vergangenheit in Ehren halten, aber auch Exponate zeitgenössischer Künstler zeigen. Jedes Jahr im Sommer feiert man hier ein Fest, dessen Initiator vor allem durch seine Lieder über die Bretagne bekannt wurde. ***Théodore Botrel***, der in Dinan geboren wurde und in Pont-Aven starb, rief das erste folkloristische Fest der Bretagne ins Leben, die Pardon des Fleurs d'Ajoncs. Doch Pont-Aven hat noch eine weitere Tradition: die der kleinen, schmackhaften Buchweizen-Pfannkuchen (Galettes).

Die Côte du Morbihan

Unterwegs im Lorient

Die Spanier, die während der Religionskriege kamen, um den ***Herzog von Mercœur*** zu unterstützen, errichteten am Ende des 16. Jahrhunderts an der Einfahrt zur Reede von Lorient (das damals allerdings noch nicht existierte) eine Zitadelle. Diese Festung mit Namen Blavet wurde später zu Ehren von ***Ludwig XIII.*** in Port-Louis umbenannt.

Im Jahre 1664 hatte ***Colbert*** in Le Havre eine Niederlassung der Schifffahrtsgesellschaft der Indischen Kompanie geschaffen, die Handel mit Indien, China und dem Senegal treiben sollte. Doch weil der Hafen den englischen Schiffen zu exponiert lag, bevorzugten sie Port-Louis, das inzwischen von ***Richelieu*** ausgebaut und mit Bollwerken versehen worden war. 1666 wurde durch königlichen Befehl die Stadt L'Orient geschaffen, ein Standort für die Marine, für Schiffswerften und für einen Sitz der Kompanie. Port-Louis litt erheblich unter dieser Veränderung und erholte sich erst im 19. Jahrhundert wieder, als sich die Stadt dem Sardinenfang und der Fischkonserven-Industrie zuwandte.

Am Ende der Reede, wo der Scorff und der Blavet münden, liegt Lorient. Die Stadt wurde eigens für die Indische Kompanie gegründet und entwickelte sich Dank dieser Handelsgesellschaft schnell. Im 18. Jahrhundert landeten schwer beladene Schiffe hier Gewürze, Kaffee, Tee, Edelhölzer, Seide, Kattun und Porzellan an, das damals groß in Mode war. Auf den Werften wurden für die Kompanie und für die königliche Marine Schiffe mit großer Ladekapazität gebaut. Doch verging diese Zeit des Wohlstands ebenso schnell, wie sie sich entwickelt hatte. Durch den Verlust der Kolonien und das Ende ihres Monopols machte die Kompanie 1769 Bankrott. Einige Jahre später kaufte der Staat den Hafen, um dort ein Marinearsenal einzurichten. Die Indische Kompanie, die 1785 noch einmal erstarkte, wurde unter der Revolution endgültig zerschlagen. Das Marinearsenal blieb bis zu den letzten Jahren der Erneuerungen im Schiffsbau und im Bauwesen erhalten. Lorient-Keroman, 1927 gegründet, ist heute der zweitgrößte Fischereihafen Frankreichs, dessen Hafenanlagen, Werften, Auktionshallen, Konservenfabriken, Filetieranlagen und Eishäuser mehrere Dutzend Hektar einnehmen. Der Handelshafen Kergroise dagegen ist der wichtigste der Bretagne. Während des Zweiten Weltkrieges richtete hier die deutsche Marine eine U-Boot-Basis von ungewöhnlicher Größe ein. Diese Anlage, die dem U-Boot-Geschwader des Atlantiks vorbehalten war, gab den Ausschlag für die verheerende Bombardierung der Stadt, die von den Kampfhandlungen in der Bretagne besonders schwer betroffen war. 85 Prozent von Lorient lagen nach dem Krieg in Schutt und Asche. So blieben außer einigen schönen Gebäuden am Hafenbecken, einem Pavillon im Stil ***Ludwigs XV.*** am Eingang zum Stützpunkt und zwei alten Mühlen der Kompanie, von denen eine heute ein historisches Museum enthält, nur wenige Spuren der Vergangenheit erhalten. Vom Hafen Kernevel aus können Sportbootfreunde im Oktober den Beginn der Transatlantik-Wettfahrt Lorient–Saint-Barthelémy–Lorient verfolgen. Wer einen Sandstrand bevorzugt, begibt sich nach Larmor-Plage gegenüber von Port-Louis. Dort liegt ein altes Fischerdorf, auf dessen Kirchturm man noch vor Kurzem immer dann die Tricolore hisste, wenn ein Kriegsschiff aus dem Hafen auslief – ganz ähnlich, wie früher die Soldaten zu Ehren des vorbeifahrenden Kriegsschiffs drei Salutschüsse abgaben, während der Priester die Glocken läuten ließ. Seit 1971 wird Lorient alljährlich Anfang August zur Hauptstadt der Bretagne, wenn hier die keltischen Festspiele stattfinden. Zum Festival des Cornemuses und zur Meisterschaft des Bagadou reisen Musiker, Sänger und andere Künstler aus der ganzen Bretagne, aber auch aus anderen keltischen Ländern wie Schottland, Irland oder Galizien an, dazu ein ebenso bunt gemischtes Publikum.

Hennebont, das heute wegen seiner Gestüte berühmt ist, überragt die Ufer des Blavet. Hier stand früher einmal eine Festung der Herzöge der Bretagne, von deren Befestigungsanlagen aus dem 13. Jahrhundert noch Reste zu sehen sind: die Porte Broërec, in der ein Gefängnis untergebracht war, sowie die Bollwerke, die etwas später neu aufgebaut wurden. Es war eine Frau, die diese Stadt zu einem wichtigen Schauplatz der Erbfolgekriege machte: ***Jeanne de Flandre***. Als ihr Ehemann ***Jean de Montfort*** verhaftet wurde, flüchtete sich ***Jeanne*** mit einigen Anhängern ***Montforts*** nach Hennebont. Wenig später nahm ***Charles de Blois*** Rennes ein und meinte, sich ohne große Mühe zum Bürgermeister von Hennebont erheben zu können. Doch ***Jeanne*** weigerte sich, ihr Territorium zu verlassen. Sie organisierte den Widerstand in der ummauerten Stadt und konnte mit Hilfe der englischen Verstärkung der Belagerung der französischen Truppen Stand halten. Dieser Sieg der ***Montforts***, der ***Jeannes*** Einsatz zu verdanken war, trug ihr den Beinamen »Jeanne la Flamme« ein.

Port-Navalo

Die Flussmündungen, die Landzungen und die kleinen Naturhäfen des Morbihan, die heute das Auge erfreuen, wenn man sie auf einem Spaziergang an Land oder einer Bootsfahrt entdeckt, haben vielleicht schon Julius Cäsar bezaubert. Die verheerende Schlacht der venetischen Flotte mit den Römern fand in der Nähe von Port-Navalo statt – und möglicherweise beobachtete der Kaiser das Geschehen von der Landzunge bei Tumulus aus. Vorsichtshalber hat man diesen Vorsprung darum »Butte de César« getauft.

Vom Etel bis nach Auray

Die tiefe Mündungsbucht des Etel ist weniger bekannt als der Golf du Morbihan, doch ebenso übersät von winzigen Inseln und Halbinseln, wo sich Strände, Ginstergebüsch, Heideflächen und Austernparks abwechseln. Damals zogen sich die Fischer von Etel, ehe sie zu den langen Fangfahrten auf Tunfisch in See stachen, in das kleine Dorf Sainte-Hélène ganz in der Nähe zurück. Von der Kirche von Merlevenez sind noch das romanische Portal und eine wundervolle Kuppel vorhanden. Auf der Insel Saint-Cado befindet sich inmitten von kleinen Fischerhäuschen ein weiteres der im Morbihan seltenen romanischen Baudenkmäler. Die Kapelle, die im 11. Jahrhundert im schlichten Stil der Romanik begonnen wurde, erlebte mehrere Umbauten und erhielt im 16. Jahrhundert eine Empore. Ursprünglich gehörte sie den Templern und war ein Wallfahrtsort für Taube und Schwerhörige, die hier Heilung suchten.

Am Grund einer tiefen Mündung liegt auf einem Vorsprung, der durch eine Windung des Flusses Loch entstanden ist, die Stadt Auray mit engen Gassen, steilen Aufstiegen und schönen Häusern aus dem 16. Jahrhundert im malerischen Viertel Saint-Goustan, das nur durch eine alte Steinbrücke mit dem Rest der Stadt verbunden ist. Die reizenden Häuser erzählen vom Wohlstand dieses Handelshafens, in dem bis ins 18. Jahrhundert hinein reger Betrieb herrschte. Die Stadt hat einer entscheidenden Episode des Erbfolgekriegs ihren Namen gegeben, der Schlacht von Auray, die 1364 in den nahe gelegenen Sümpfen von Kerzo stattfand. Trotz der Anwesenheit seiner Getreuen ***Du Guesclin*** und ***Olivier de Clisson*** kam ***Charles de Blois*** in dieser Schlacht ums Leben und das Herzogtum der Bretagne fiel wieder an die Familie ***Montfort***. Der neue Herzog ***Jean IV.*** ließ am Schauplatz der Schlacht ein Stift errichten, das im folgenden Jahrhundert zu einem Kartäuserkloster umgewandelt wurde. Ein anderes Zeugnis der Geschichte ist eine Kapelle, die im 19. Jahrhundert erbaut wurde, um die sterblichen Überreste der Opfer der Landung von Quiberon aufzunehmen. Tatsächlich gingen die Flüchtlinge, die sich den Aufständischen der Chouannerie anschließen wollten, 1795 in Carnac von Bord. Doch die Truppen des ***General Hoche*** drängten sie bis in den Süden der Halbinsel zurück. Damit war die Niederlage der Royalisten besiegelt und das Ereignis behielt den Namen »Landung von Quiberon«. Nicht weit von hier kennzeichnet eine kleine Kapelle den Ort, wo eine Gruppe von Chouans und Flüchtlingen hingerichtet wurde. ***Cadoudal***, der in der Gegend von Auray geboren wurde, war einer der Führer dieser Gruppe. Nachdem er dem Blutbad entgangen war, nahm er bald den Kampf wieder auf und organisierte im Jahre 1800 das Attentat auf ***Bonaparte*** in der Rue Saint-Nicaise. Bei diesem Attentat kamen mehrere Menschen ums Leben, nicht jedoch der Erste Konsul. ***Cadoudal*** verbündete sich daraufhin mit dem royalistischen ***General Pichegru***. Dieses Komplott brachte ihn schließlich – kurz vor Napoleons Krönung zum Kaiser – auf die Guillotine.

Wenige Kilometer von Auray entfernt zieht eine der meistbesuchten Bittwallfahrten der Bretagne schon

La Trinité-sur-Mer

Nur einen Steinwurf von Carnac, der prähistorischen Hauptstadt der Bretagne, entfernt, liegt an den Ufern des Carc'h La Trinité-sur-Mer, ursprünglich ein Hafen der Fischer und Austernzüchter. Seit dem 19. Jahrhundert laufen von hier verschiedene Regatten aus, lange bevor der gebürtige Nanteser Eric Tabarly auf Pen-Duick II, einem in Trinité gebauten Boot, allein den Atlantik überquerte. In seinem Kielwasser haben namhafte Skipper wie Kersauson, Poupon oder Birch den kleinen Hafen in eine Hochburg des Segelsports verwandelt.

seit dem 17. Jahrhundert Pilger an: Sainte-Anne d'Auray. Es heißt, hier sei die Mutter der Jungfrau ***Maria*** mehrmals zwischen 1623 und 1625 dem frommen Bauern ***Yves Nicolazic*** erschienen. Von Mai bis Oktober gibt es verschiedene Wallfahrten, die wichtigsten finden am 26. Juli und am 15. August statt. Eine Basilika, die im 19. Jahrhundert als Ersatz für die primitive Kapelle errichtet wurde, zeigt zahlreiche Dankesgaben ungenannter Spender sowie eine Reliquie der ***Heiligen Anne***, die ***Anna von Österreich*** der Kirche schenkte, nachdem ihr Kinderwunsch endlich erhört worden war.

Die Halbinsel Quiberon wendet dem Meer zwei völlig verschiedene Gesichter zu. Im Westen liegt eine der wildesten Küsten der Bretagne mit zerklüfteten Felsen, wo das Meer Grotten und Nischen ausgehöhlt und ein bizarres Chaos aus Gestein zurückgelassen hat. Im Westen dagegen findet man schöne Strände und geschützte, kleine Häfen. Lange Zeit war der Sardinenfang der Haupterwerb der Fischer von Quiberon. Heute ist dies eine der beliebtesten Badegegenden, die mit ihren Stränden, einem Zentrum für Thalassotherapie und der Segelschule in Beg-Rhou zahlreiche Urlauber anzieht.

Port-Haliguen und Saint-Pierre sind beliebte Treffpunkte der Sportsegler. Quiberon, das in der Nähe von Carnac liegt, besitzt auch einige prähistorische Stätten mit Menhiren und »Cromlec'hs«. Auf der Insel Theviec östlich von Penthièvre findet man eine Grabstätte, die möglicherweise die älteste der Bretagne ist. Der wilden Küste vorgelagert liegt der Leuchtturm von Birvideaux, der angeblich auf den Überresten einer kleinen Insel erbaut wurde, die im Ozean versunken ist. Die Bewohner der versunkenen Insel kehren alljährlich zum Fest von Saint-Clément oder Saint-Colomban (einem irischen Mönch) zurück, gekleidet in feuerfarbige Umhänge.

Die Megalithen

»Das ist also das berühmte Feld von Carnac, über das mehr Dummheiten geschrieben wurden, als hier Steine liegen.« So fasst ***Flaubert*** die Kommentare, Interpretationsversuche, Hypothesen und Vermutungen zusammen, zu denen die Megalithen von Morbihan schon zu seiner Zeit Anlass gaben. Später kamen weitere Ideen hinzu, wenngleich die Verwendung von Carbon 14 die Zweifel über ihr Alter inzwischen ausgeräumt hat. Dabei ist es gar nicht so erstaunlich, dass dieses Land mit seinen einzeln stehenden Pinien, in dem Menhire, Dolmen und Tumuli verstreut liegen, dazu einlädt, über die Geheimnisse der Menschen zu spekulieren, die es einmal bevölkert haben.

Die Kirche von Carnac ist ***Cornely*** geweiht. Auf die hölzernen Gewölbe sind Szenen aus dem Leben des Heiligen gemalt, der als Beschützer der Tiere, insbesondere der Rinder, galt. Der Legende zufolge war er ein Gegner von Tieropfern. Als er die Region evangelisierte, wurde ***Saint Cornely*** von römischen Soldaten verfolgt, die er kurzerhand in Steine verwandelte. Auch dies ist eine Erklärung für die großen Steine, die so viele Fragen aufgeworfen haben. Ein kürzlich neu gestaltetes Museum trägt die Namen von zwei Archäologen, die in der Erforschung von Carnac eine bedeutende Rolle gespielt haben: ***Miln*** und ***Le Rouzic***. Hier kann man Tausende von Gegenständen besichtigen, die im Lauf der Ausgrabungen zu Tage gefördert wurden: Werkzeuge, Waffen, Schmuck und Keramik.

Die Wissenschaft entwickelte vor dem 18. Jahrhundert kaum ein ernsthaftes Interesse an diesen Monumenten. Im 19. Jahrhundert fanden die Romantiker hier eine Fülle von Anregungen, und durch ihre Fantasie rückten diese Steine stärker ins Interesse der Öffentlichkeit. Erst viel später reisten Schaulustige in so großer Zahl an, dass die zuständigen Behörden beunruhigt waren. Immer mehr Besucher spazierten ungehindert zwischen den Steinreihen umher und gefährdeten die Erhaltung der Megalithen und ihrer Umgebung. 1991 stellte man Gitter auf, die den direkten Zugang zu den Steinen verhinderten. Um trotzdem einen Eindruck der Anlage zu vermitteln, wurde ein Aussichtsturm errichtet. Bald wurden jedoch die Ästhetik und die Sicherheit dieses Turmes in Frage gestellt, und so sucht man heute erneut nach einer Lösung, die Wissenschaftlern und Spaziergängern gleichermaßen gerecht wird. Die Vermutungen, die über die Bedeutung der Steine angestellt wurden, sind zahlreich. »Es gibt Menschen, die haben ihr ganzes Leben damit verbracht, zu erforschen, wozu sie dienten«, schreibt ***Flaubert***. Es scheint jedoch, dass die Dolmen Gruppen- oder Familiengräber waren, während die Menhire, die einzeln oder in Gruppen stehen, schwieriger zu analysieren sind. Vielleicht waren es Landmarken, die einen Weg oder eine Quelle kennzeichneten, vielleicht auch geweihte Orte religiöser Rituale. Weil sie an bestimmten Tagen die Positionen der Planeten anzeigen, könnten sie auch für astronomische Berechnungen verwendet worden sein.

Die Megalithen, die durch frühere Generationen erheblich dezimiert wurden, haben die Forscher und Amateure häufig wegen ihrer anscheinend exakten Ausrichtung fasziniert. Sie wurden etwa 3000 Jahre vor Christi Geburt aufgestellt und im Lauf der Zeit verändert. Römer, Kelten und Christen haben stellenweise ihre eigenen Symbole hinzugefügt, ihre Gottheiten oder Kreuze hinein geschlagen. Zu den bemerkenswertesten Grabstätten zählt der Tumulus Saint-Michel mit seinen beeindruckenden Abmessungen, der deutlich älter als die meisten Stätten der Umgebung ist. Er hat eine Länge von 120 Metern und enthält zwei Grabkammern, in denen interessante archäologische Funde gemacht wurden. Auf seinem Gipfel wurde eine Kapelle errichtet.

Weiter im Norden umfasst die Anlage von Ménec mehr als 1000 Menhire auf einer Fläche von einem Kilometer Länge. Der beeindruckendste Stein ragt vier Meter in die Höhe. Die Anlage von Kermario ist in faszinierender Weise auf dem Erdboden ausgerichtet, während man in Kerlescan fünfhundert Menhire und etwa dreißig andere Steine findet, die einen »Cromlec'h« bilden. Auch einige Tumuli und Dolmen sind hier zu sehen. Unter den Tumuli von Kercado und Mané-Kerioned liegen Dolmen mit tischförmigen Steinen und Stützen, in die Beile und Spiralmuster eingeritzt sind.

Wenn Carnac eine der Welthauptstädte der Vorgeschichte ist, so ist sie doch nicht die einzige Megalith-Stätte.

Kermario

Die Aufsehen erregenden Steinreihen von Kermario umfassen fast tausend Menhire, die in zehn Reihen aufgestellt sind. Sie zählen zu den bedeutendsten prähistorischen Stätten von Carnac. Zwar ist die Bretagne nicht die einzige Region Frankreichs, in der solche Megalithen zu finden sind, doch liegt sie allein wegen der Anzahl der einzeln stehenden Menhire und der größeren Anlagen weit an der Spitze. Dolmen dagegen findet man in größerer Zahl in anderen Départements, etwa in Ardèche und Aveyron.

An verschiedenen Orten des Morbihan, ebenso auf der Île d'Arz und der Île-aux-Moines findet man solche prähistorischen Stätten. Die Île de Gavrinis (Insel der Ziegen) ganz in der Nähe zeigt einen außergewöhnlich behauenen und geritzten Stein, dessen markante Muster noch heute gut zu erkennen sind. Die Größe der Steingruppe und die aufwändige Verzierung lassen vermuten, dass diese Stätte für die Menschen, die sie schufen, besondere Bedeutung hatte.

Am Eingang des Golfes liegt Locmariaquer mit seinen interessanten Stätten. Dort findet man die Dolmen von Mané-Lud und Mané-Rethual, vor allem aber den Grand Menhir, den wichtigsten Fund dieser Art. Man schätzt das Gewicht des Steines auf 350 Tonnen, seine Höhe beträgt über 80 Meter. Leider ist er in fünf Stücke zerbrochen. Das Meisterstück von Locmariaquer ist der »Table des Marchands«, ein Dolmen mit drei Tischen, die auf 17 Stützen ruhen und aus den Resten eines Tumulus ausgegraben wurden. Auch hier sind einige bemerkenswert klare Dekorationen zu erkennen (Beil, Weizenähre und Ochse). In der Nähe liegt der »Dolmen des Pierres Plates«, der ebenfalls schöne geritzte Ornamente zeigt.

Der Golf

Das bretonische Wort »mor bihan« bedeutet »kleines Meer«. Dieser Golf hat seinen Namen dem ganzen Département gegeben. Er ist übersät mit kleinen Inseln, umgeben von gezackten Küstenlinien, und besitzt ein ungewöhnlich mildes Klima. So tummeln sich auf dem Golf von Morbihan trotz der starken Strömungen viele Sportsegler, die in der tiefen Mündung des Auray und der Bucht von Vannes geschütztere Reviere finden.

Überall an der Küste und auf den Inseln sieht man Austernbecken. Auch Vögel finden sich in großer Zahl im Golf ein. Die Sümpfe von Pen-an-Toul (im Osten) und von Séné (im Westen) bieten vor allem Zugvögeln sehr gute Ruhe- und Nistplätze. Möwen und Kormorane mischen sich hier mit Brandenten, Ringelgänsen, Stelzenläufern, Regenpfeifern, Rotkehlchen, Säbelschnäblern und anderen. Ein bevorzugter Platz der Seevögel ist die Île-aux-Moines. Dort hat die Vegetation mit Kamelien, Mimosen, Orangen und Palmen teilweise mediterrane Züge. Neben Arz, der zweiten großen und ebenso malerischen Insel, zählt diese die meisten Einwohner. Rund vierzig weitere Inseln befinden sich im Golf, von denen die meisten Privateigentum sind.

Im Herzen des Golfes von Morbihan liegt die alte venetische Stadt Vannes, deren Altstadt sich hinter den Bollwerken aus dem 13. Jahrhundert versteckt. Vannes hat in der bretonischen Geschichte eine bedeutende Rolle gespielt. Im 9. Jahrhundert war sie die Hauptstadt des kurzlebigen Königreiches der Bretagne, 1532 unterzeichneten hier die Generalstände die »Union Perpetuelle« mit dem französischen Königreich. Von 1675 bis 1689 wurde nach der »Revolte du Papier timbré« (Stempelpapier-Aufstand) das bretonische Parlament von Rennes hierher verlegt.

Vannes

In der alten Hauptstadt der Veneten findet man noch schöne Häuser aus der Renaissance und malerische Winkel wie den Bach von Rohan am Fuß der Bollwerke, der von kleinen, mit Schiefer gedeckten Waschhäusern gesäumt ist. In Vannes, im Herzen des Golfs von Morbihan, wurde 1532 der Vertrag über die Vereinigung der Bretagne mit Frankreich unterzeichnet. Während des 17. Jahrhunderts hatte das bretonische Parlament 15 Jahre lang seinen Sitz in der Stadt.

Am Fuß der Bollwerke ragen die Türme auf, dort liegen beiderseits des Baches Rohan die alten Wäschereien mit ihren Schieferdächern sowie enge Gassen mit überhängenden Fachwerkhäusern. Auch die Place Henri-IV mit ihren hübschen Giebeln erinnert an die geschichtsträchtige Vergangenheit der Stadt.

Gegenüber der Kathedrale Saint-Pierre liegt La Cohue, eine alte Markthalle aus dem 12. und 14. Jahrhundert, die immer wieder umgebaut wurde. Sie erzählt von der Zeit, als Vannes eine lebhafte Handelsstadt war. Bis 1840 fand im Erdgeschoss der Markt statt, während im ersten Stockwerk ein Gerichtssaal lag. Heute ist hier ein Museum der Schönen Künste, des Golfes und des Meeres untergebracht. Das archäologische Museum nimmt einen Teil des Château-Gaillard aus dem 15. Jahrhundert ein, in dem man außergewöhnliche Funde von den prähistorischen Ausgrabungsstätten sehen kann, darunter Schmuck und polierte Beile.

Die Halbinsel Rhuys

Saint-Gildas-de-Rhuys war neben Landévennec eine der Abteien, deren spirituelle Wirkung weit über die Grenzen der Bretagne hinaus reichte. ***Gildas*** war im 6. Jahrhundert aus Schottland gekommen und hatte vorwiegend im Tal des Blavet bereits viel Missionarsarbeit geleistet, ehe er ein Kloster auf der Halbinsel Rhuys gründete. Wie viele andere wurde das Kloster während der Normanneninvasionen im 10. Jahrhundert geplündert, die Mönche zerstreuten sich in alle Winde. Ein Jahrhundert später erhielt der aus Ouessant stammende Mönch ***Félix*** den Auftrag, das Kloster restaurieren zu lassen. Was man heute vom Kloster sieht, geht wesentlich auf den berühmtesten Herrn des Gemäuers zurück, einen rührigen Theologen. Im 12. Jahrhundert ließ sich ***Abélard*** hier für etwa zehn Jahre nieder. Nach den Auseinandersetzungen mit ***Fulbert***, dem Onkel seiner Geliebten ***Héloïse,*** und den übrigen religiösen Autoritäten war der ehemalige Domherr von Notre-Dame de Paris Jahre lang ziellos umher gezogen und hoffte schließlich, in Saint-Gildas zur Ruhe zu kommen. Doch durch die Feindseligkeit der Klosterbrüder kam es dazu nicht.

Abélard, der Autor einer umfangreichen Briefsammlung mit ***Héloïse***, hat in seinem Buch *Historia*

calamitum (Geschichte meiner Leiden) auch von diesem Aufenthalt im »Land der Barbaren« berichtet. Er stammte aus Nantes und verstand die Sprache nur schlecht, so dass er seine Klosterbrüder für dumm und stumpfsinnig hielt. Ihm missfiel buchstäblich alles in dieser Abtei, selbst die Motive, mit denen der Bau verziert war und die weniger mit christlicher Symbolik als mit Heidentum zu tun hatten. »Die Türen sind nur mit Spuren von Hirschen, Wölfen, Bären und Wildschweinen verziert (...)« Schließlich floh er aus dem Kloster und entging damit, wie es scheint, nur knapp der Vergiftung. Er reiste nach Paris und zog sich in Cluny zurück.

In der Kirche von Saint-Gildas-de-Rhuys sind von der Abtei aus dem 11. Jahrhundert noch einige großartige romanische Elemente erhalten geblieben, darunter die Chorhaube und der Chor. Der Rest wurde im 17. Jahrhundert von den Benediktinern weitgehend umgebaut, ebenso wie die Klostergebäude, die nach der Revolution eine weitere Restaurierung nötig hatten. In kostbaren Reliquienschreinen werden hier die sterblichen Überreste von ***Saint Gildas*** aufbewahrt.

Unter den Festungen, um die während der Erbfolgekriege heftig gekämpft wurde, befindet sich auch das Château de Suscinio, einer der bedeutendsten Landsitze der Herzöge der Bretagne. Obwohl es, wie viele andere, nach der Revolution als Steinbruch missbraucht wurde, kann man die Bedeutung des Ortes noch spüren, denn die vielfach umgebauten und verstärkten Verteidigungsanlagen sind im Wesentlichen erhalten. Das Schloss am Rand des Atlantik bot seinen Herren von den Türmen aus einen wunderbaren Rundblick auf die Küste des Morbihan.

Die Inseln

In Port-Tudy gingen die Passagiere und Händler von Bord, die von Lorient auf die Île de Groix, einige Tausend Meter vor der Küste gelegen, kamen. Das leicht wellige, mit Ginster und Heidekraut bewachsene und von Bächen durchschnittene Hochplateau fällt an einigen Stellen steil ins Meer ab, an anderen läuft es zu sandigen Stränden aus.

Von der Pointe de Pen Mar im Nordosten kann man die Küste des Morbihan mit einem Blick erfassen. Auf der gegenüber liegenden Pointe des Chats erhebt sich ein Leuchtturm. Von hier aus übersieht man die Südküste der Insel. Mediterrane Pflanzen, durch Granatsteinvorkommen rosa und bläulich gefärbter Sand sowie das Naturschutzgebiet mit seinen Kormoranen, Möwen und Küstenseeschwalben zählen zu den Schönheiten der Insel.

Ganz sicher gibt es auf Groix auch die einzige Wetterfahne, deren gallischer Hahn durch einen Tunfisch ersetzt wurde. Bis in die 1930-er Jahre hinein war Port-Tudy der Heimathafen der größten Tunfisch-Flotte Frankreichs. Damals belief sich die Zahl der Kutter, die von Juni bis Oktober von den Azoren bis Kanada auf Fang fuhren, auf knapp 300. Diese Flotte prächtig bemalter Segelkutter ist heute den Sportbooten gewichen. Von der großen Zeit des Tunfischfangs ist ein traditioneller Ausspruch der Fischer bei ihrer Rückkehr an Land überliefert: »Wer Sein sieht, sieht seinen Tod. Wer Groix sieht, sieht seine Freude.«

Suscinio

Ursprünglich war Suscinio ein Jagdschlösschen der Herzöge der Bretagne. Nach mehreren Umbauten und Erweiterungen wurde es im 13. Jahrhundert zu ihrem bevorzugten Landsitz. Wie viele andere Schlösser wurde es nach dem Erbfolgekrieg zu einer wehrhaften Festung ausgebaut. Nachdem die Herzöge von hier nach Nantes umgezogen waren, wurde das Schloss von François I. konfisziert. Von seinen Türmen hat man einen atemberaubenden Blick auf den Golf von Morbihan.

Ein Gedicht aus dem 17. Jahrhundert von ***Saint-Amant*** rühmt die Einsamkeit und die Schönheit der Belle-Île: »Wie freut es mich, diese Berge und Abgründe zu sehen (...) wie sanft scheint mir das Tosen der vagabundierenden Strömungen.« Obwohl sie heute weniger einsam ist, zieht die größte der bretonischen Inseln nicht nur namenlose Amateure, sondern auch große Künstler an, die sie zu ihrem Lieblingsort erklären – darunter ***Courbet, Monet*** und ***Matisse.***

Im Norden, gleich hinter den Häfen von Sauzon und Palais, schließen sich bis zur Pointe de Kerdonis lange Strände an. Im Süden bilden schroffe Felsen wie die Nadeln von Port-Coton eine bizarre Küstenlandschaft. Nur diese Küstenlandschaft mit ihren Grotten und Schluchten kann für die Beschreibung ***Flauberts*** verantwortlich sein, der in seinem Werk *Voyages en Bretagne* mit begeisterten Worten nicht spart: »Schwarz mit violetten Adern, rot wie das Feuer, braun mit weißen Streifen – sie zeigt ihre verschiedenen Gesichter und Formen, ihre Schönheit und ihre grandiosen Fantasien ...« Von der Pointe des Poulains hat man einen herrlichen Blick auf die umliegenden Inseln und die Bucht von Quiberon. Hier steht das alte Fort ***Sarah Bernhardt***, so benannt zur Erinnerung an die große Tragödin, die es am Ende des 19. Jahrhunderts kaufte, ehe sie zwei andere Häuser bauen ließ.

Die Belle-Île ist seit vorgeschichtlicher Zeit besiedelt und besitzt einige Megalith-Denkmäler, deren berühmteste die beiden Menhire bei Port-Donnant sind. Einer besteht aus Kalksandstein, der andere aus Granit. Der Legende nach handelt es sich um ***Jean*** und ***Jeanne***, einen Barden und seine Liebste, die von Druiden, die mit ihrer Beziehung nicht einverstanden waren, in Stein verwandelt wurden. Schon früh wurde die Insel auch von Mönchen besiedelt, später wurde sie dem Eigentum der Abtei von Quimperlé zugeschlagen. Im 16. Jahrhundert kaufte die Adelsfamilie ***Gondi*** die Insel und baute die Hauptstadt La Palais aus, wo sich bereits eine Zitadelle befand. 1650 legte ***Fouquet*** sein als Finanzminister unter ***Ludwig XIV.*** erworbenes, umstrittenes Vermögen hier an und ließ die Befestigungen von Le Palais durch ***Vauban*** verstärken. Zu den bekanntesten Insassen des Gefängnisses der Zitadelle gehört ***Cadoudal*** im 18. Jahrhundert. Nach ***Fouquets*** Flucht im Jahre 1661 übernahm die Krone die Insel. Zwischen 1761 und 1763 war die Belle-Île von den Engländern besetzt, einige Jahre später brachte ***Ludwig XV.*** hier Familien unter, die aus dem von den Engländern eroberten Arkadien geflohen waren. Dank dieser Bewohner entdeckte diese Fischerinsel die Kartoffel, noch ehe sie durch ***Parmentier*** ihre große Berühmtheit erlangte. Zwei andere Orte, »Le Canard« und »Le Caneton« (bretonisch *houat* und *hoëdig*) waren ebenfalls schon zu vorgeschichtlicher Zeit bewohnt, ehe sie durch das Ansteigen des Meeresspiegels von der Halbinsel Quiberon abgetrennt wurden. Zwischen den Inseln verläuft die Passage des Sœurs.

Houat ist, wie seine halb so kleine Nachbarinsel, vom modernen Bauwesen fast unberührt geblieben. Die Kirche von Houat steht unter dem Schutz von ***Saint Gildas.*** Sie erinnert an seinen Besuch auf der Insel, von wo

Belle-Île

Die Belle-Île ist seit jeher eine Inspiration für Künstler gewesen, ob es nun Maler, Schriftsteller, Dichter oder Schauspieler waren. Nach Flaubert, Monet und Matisse haben sich auch Desnos, Arletty und Prévert für die zerklüftete Küste und die Ginsterlandschaft, die Täler mit den grasenden Schafen und die strahlend weißen Fassaden der Häuser auf der größten bretonischen Insel begeistern können.

er im 6. Jahrhundert aufbrach, um sein Kloster auf der Halbinsel Rhuys zu gründen. Ehe ***Vauban*** auf der heute so friedlichen Insel ein Fort errichtete, wurde sie mehrfach von den Engländern besetzt. Von den Ruinen dieses Forts hat man heute einen wunderbaren Blick auf die Umgebung.

Der Hafen, der nach einem verheerenden Sturm im Jahre 1955 komplett neu aufgebaut werden musste, wird vor allem für die Fischerei nach Schalentieren, Barsch und Aal genutzt. In den 1970-er Jahren wurde hier auch eine Hummer-Zuchtanlage errichtet.

In der Kirche von Hoëdic befinden sich Schiffsmodelle, die von der Dankbarkeit der Seeleute gegenüber dem Schutzpatron ***Goustan*** erzählen. Auch hier gibt es ein Fort, das vom Interesse der Engländer an diesen Inseln so kurz vor der bretonischen Küste zeugt. In vielen Häfen der Insel verschwindet der Fischfang zu Gunsten des Sportboot-Verkehrs. Die Bevölkerung der Insel nimmt ab und immer mehr Touristen bevölkern die kleinen Straßen der Altstadt, die Naturhäfen, die Strände und die Landschaften mit Tamarisken und Feigenbäumen.

92011
88749
F
56450
384 892

Von der Côte d'Amour nach Saint-Nazaire

Die Halbinsel Guérande

Die Küste, an der La Baule liegt, das führende Seebad der Bretagne, erhielt ihren Namen, als im vorigen Jahrhundert Kiefern gepflanzt wurden, um die Wanderdünen zu fixieren. Damit bekam dieser bislang etwas traurig aussehende Küstenstreifen ein ganz neues Gesicht. Im 18. Jahrhundert hatte ein schwerer Sturm das Dorf Escoublac unter dem Sand begraben. Es wurde in einiger Entfernung wieder aufgebaut und ist heute ein Teil von La Baule. Von Pouliguen bis Pornichet zieht sich ein langer Halbmond aus Sand am Fuß einer Stadt, in die jeden Sommer zahllose Badeurlauber strömen.

Le Pouliguen im Schutz der Pointe de Penchâteau war in den 1850-er Jahren in Mode. Pornichet folgte bald, und gemeinsam zogen die Orte mit den schönen Stränden immer mehr Besucher an. Dann kamen La Baule und schließlich La-Baule-les-Pins hinzu, um den Erfolg dieses Küstenstriches zu krönen. Im Westen reicht eine wilde Küste mit felsigen Klippen und Grotten sowie vereinzelten, sandigen Buchten bis nach Croisic, wohin die Frauen der Seeleute kamen, um von Notre-Dame-des-Vents Schutz für ihre Männer zu erbitten. Ein Stück weiter soll vor der Pointe de Castelli das Grab des Königs ***Salomon*** mit den Resten einer antiken Stadt im Meer versunken sein. La Turballe, Le Croisic und die anderen Häfen der Region haben eine lange Tradition der Sardinenfischerei, zudem profitierten sie in Bezug auf die Konservierung des Fanges von den nahen Salzsümpfen, die schon seit Jahrhunderten genutzt werden. Die Bedeutung des Salzes für die Konservierung von Lebensmitteln und für die Herstellung von medizinischen Präparaten war lange Zeit ein wichtiger Wirtschaftsfaktor, zumal die Bretagne unter der Monarchie zeitweilig von der äußerst unpopulären Salzsteuer befreit war. Das Mosaik der Salzsümpfe erstreckt sich über Hunderte von Hektar, unterteilt von kleinen Wällen, die die einzelnen Salzfelder seit einem Jahrhundert vor der Verunreinigung durch Sand von den Straßen und Wegen schützen. Im Norden haben sich die Gassen der alten Stadt Guérande, umschlossen von Stadtmauern aus dem 15. Jahrhundert, ihren mittelalterlichen Charme bewahrt. Sie liegen rings um die Kirche Saint-Aubin, die romanische und gotische Elemente zeigt.

La Baule

Nach Pouliguen und Pornichet, die beide von Touristen schon seit dem 19. Jahrhundert geschätzt werden, ist La Baule die Krönung des Erfolgs der Côte d'Amour. Kilometer lange, weiße Sandstrände zu Füßen moderner Gebäude und die geschützte Bucht im Windschatten der beiden Landzungen zu beiden Seiten haben dem Seebad einen internationalen Ruf eingetragen. Einige Kiefernwälder haben Hotels und Wohnanlagen weichen müssen. Vor allem Wassersportler kommen hier voll auf ihre Kosten: Man kann wunderbar schwimmen, windsurfen oder segeln. Natürlich darf man nicht den berühmten Sandburgenwettbewerb vergessen, ebensowenig die Spannung des Casinos.

Saint-Nazaire und Nantes

An der Mündung der Loire liegt Saint-Nazaire, das früher Corbilo genannt wurde und eine wichtige Station auf der Zinnstraße über den Atlantik darstellte. Zuerst war es ein kleiner Fischerhafen, später der Vorhafen von Nantes. Durch den Schiffbau nahm der Hafen im 19. Jahrhundert eine intensive Entwicklung. Lange Zeit waren die Werften der Stadt die einzigen, die Neubauten auf Kiel legten. Die Passagierschiffe *Normandie* und *France* wurden hier gebaut.

Die Stadt, die durch Bombenangriffe schwer beschädigt war, wurde nach dem Zweiten Weltkrieg wieder aufgebaut. Bei diesen Arbeiten förderte man die Ruinen eines gallo-römischen Dorfes zu Tage, in der Nähe der Hafenbecken entdeckte man Megalithen, die von einer langen Geschichte der Stadt zeugen. Von einer Aussichtsplattform kann man die erweiterten Hafenanlagen sehen, ebenso eine Hängebrücke, die seit 1975 die Bretagne mit Saint-Brévin-les-Pins auf dem Vendéeseitigen Ufer der Loire verbindet. Mit ihren etwa drei Kilometern Länge und sechzig Metern Höhe erhebt sie sich über das Mündungstal, in das Nantes sich kauert.

»Verführerische Stadt, nicht wirklich auf dem Land, doch auch nicht wirklich am Meer – nicht Fisch, nicht Fleisch«, so schreibt ***Julien Gracq*** über Nantes, der in ihren Straßen einem anderen Liebhaber dieser Stadt begegnet sein könnte: ***André Breton.*** Nantes liegt zwischen dem Meer und dem Fluss, am Zusammenfluss von Erdre, Seil und Sèvre, auf der Grenze zwischen Bretagne und Vendée, und ist heute die Hauptstadt des Pays de la Loire. Wegen ihrer Lage auf einem Kreuzungspunkt war die alte Hauptstadt des karolingischen Grenzstreifens im Verlauf ihrer bretonischen Geschichte häufig Gegenstand von Konflikten zwischen Bretonen und Franzosen oder zwischen Franzosen und Engländern. Obwohl Nantes etwa 60 Kilometer vom Meer entfernt liegt, hat sich hier ein maritimes Flair entwickelt, das weitgehend auf seine zahlreichen Kleinbetriebe zurück geht, von denen viele inzwischen zu größeren Unternehmen herangewachsen sind.

Die Stadt wurde auf einer Gruppe von Flussinseln gegründet, von denen heute nur noch eine zu erkennen ist. Zunächst war sie als Sitz der Namneten eine der Hauptstädte Armorikas, später wurde sie während der gallo-römischen Zeit eine wichtige Handels- und Verwaltungsstadt. Im 9. Jahrhundert schlug sich Nantes im Krieg gegen ***Nominoé***, den Herzog der Bretagne, auf die Seite der Franzosen. Nach seinem Sieg ließ ***Nominoé*** die Befestigungsanlagen der Stadt schleifen, so dass sie den folgenden Angriffen der Normannen nicht Stand

halten konnte. Erst ein Jahrhundert später zogen die Normannen wieder ab, nachdem sie von ***Alain Barbetorte*** vertrieben worden waren, der hier 939 seine Residenz aufschlug.

Zu Beginn des 13. Jahrhunderts verheiratete ***Philipp II. August*** die Erbin des unruhigen Herzogtums Bretagne an einen seiner engsten Gefolgsmänner, ***Pierre Mauclerc***, Graf von Dreux. Dieser sicherte die Regent-

Die Salzsümpfe

Seit Jahrhunderten ist die Halbinsel Guérande eines der wichtigsten Salzgewinnungsgebiete Frankreichs. In Saillé kann man im Maison des Paludiers die Arbeit der Salinen genauer kennen lernen. Auf nahezu dreitausend Hektar fließt das Meerwasser von einem Reservoir ins nächste und bildet dabei eine immer dünnere Wasserschicht, die schließlich so stark gesättigt ist, dass das Salz kristallisiert. Raffinerie und weitere Verarbeitung des Salzes finden hauptsächlich in Batz-sur-Mer statt, unter dem hohen Turm der Kirche Saint-Guénolé. Von ihrem Turm hat man einen faszinierenden Blick auf die Salzsümpfe, die im Sonnenschein eine schimmernde und spiegelnde Landschaft bilden.

schaft durch einen Sohn, der später den Titel des Herzogs der Bretagne führen sollte. Er ließ sich in Nantes nieder, baute die Befestigungsanlagen wieder auf und verteidigte die Stadt gegen die Angriffe des englischen Königs ***Johann Ohneland***.

Unter der Herrschaft von ***François II.*** erlebte Nantes eine Blütezeit. Der Herzog gründete im Jahre 1460 eine Universität und schenkte der Stadt eines ihrer schönsten Baudenkmäler, das Schloss der Herzöge der Bretagne, das auf dem ehemaligen Gelände der alten Burg von ***Barbetorte*** errichtet wurde. Jenseits der Schlossgräben, die heute zu Parkanlagen umgestaltet sind, sind noch die Mauern der alten Festungstürme zu erkennen. Im Lauf der Zeit hat die Anlage durch Umbaumaßnahmen ihren wehrhaften Charakter verloren; heute mischen sich die Stile der Renaissance und der Gotik.

Das Erbe der ***Herzogin Anne***, die die von ihrem Vater begonnenen Baumaßnahmen weiter führen ließ, ist überall in der Stadt zu spüren. So hat man beispielsweise einen der wichtigsten Bereiche nach ihr benannt, die Insel, auf der die Werften liegen. In vielen bretonischen Städten findet man übrigens in der Altstadt ein Haus »der Herzogin Anne«, in dem sie einmal gewohnt haben soll – selbst wenn das Haus wesentlich jünger ist oder ein Aufenthalt der Herzogin nicht nachzuweisen ist. Es gibt unzählige Geschichten und Legenden über die Herzogin, und gelegentlich wird sie sogar mit der ***Heiligen Anna*** verwechselt oder gleich gesetzt. In jedem Fall ist sie aber Sinnbild einer intelligenten Frau von großer Treue zu ihrem Vaterland, die nur deshalb in eine Ehe mit dem König von Frankreich einwilligte, um den Frieden und die Sicherheit ihrer Landsleute zu sichern. In einer Geschichte heißt es sogar, dass sie ihren Ehemann ermorden ließ, als er plante, die Salzsteuer in der Bretagne wieder einzuführen. Ihr Herz ruht in einem Reliquienschrein im Museum Dobrée, in dem auch verschiedene Zeugnisse des Aufstandes der Chouannerie zu besichtigen sind.

In der Nähe des Schlosses liegt in der Kathedrale Saint-Pierre das prächtige Grab von ***François II.*** und seiner Ehefrau ***Marguerite de Foix***. Die Basilika aus weißem Saumur-Gestein wurde auf dem Standort eines ehemaligen Heiligtums aus dem 4. Jahrhundert errichtet. Die Bauarbeiten begannen 1434, wurden aber erst im 19. Jahrhundert fertig gestellt, »zu Ehren Gottes, aber auch des ganzen Landes und des Herzogtums«. Etwas weiter südlich bildet die Kirche Sainte-Croix aus dem 17. Jahrhundert das Herzstück eines Netzwerks aus schmalen Gassen mit überhängenden Fachwerkhäusern.

Der westliche Teil von Nantes zeugt von einer besonders wohlhabenden Periode der Stadt. Vor allem im 16. und im 18. Jahrhundert häuften die hiesigen Reeder beträchtliche Vermögen an, hauptsächlich durch den Handel mit dem so genannten »Ebenholz«. Schiffe mit Ladungen aus Tuch, Branntwein und verschiedenen minderwertigen Waren fuhren von hier nach Afrika ab, wo die Ladung gegen Menschen eingetauscht wurde, die wiederum auf den Antillen verkauft wurden. Auf diese Weise kamen auch exotische Produkte nach Europa, die hier noch weitgehend unbekannt waren und von der begüterten Gesellschaft begeistert aufgenommen wurden. So machten Reeder und Händler ihr Vermögen durch Kaffee, Kakao, Rohrzucker, Gewürze und Baumwolle. Auch Händler aus Holland, Portugal und Irland versuchten, auf diesem Markt Fuß zu fassen und ließen sich in Nantes nieder. Im 18. Jahrhundert führte der Wohlstand dazu, dass an den Cours Saint-Pierre und Saint-André, am Quai de La Fosse, an der Place Graslin und den Straßen der Île de Feydeau prächtige Wohnhäuser aus dem Boden schossen. Ihre Fassaden mit den verzierten Balkonen erinnern daran, dass wegen der nahe gelegenen Zinnoxid-Vorkommen die Metallverarbeitung in Nantes eine lange Tradition hat. Doch mit dem Ausgang des 18. Jahrhunderts fand die Blütezeit der Stadt ihr Ende.

Unter der Schreckensherrschaft gab der Nationalkonvent, beunruhigt durch die hohe Zahl der Royalisten in der Stadt, ***Carrier*** den Auftrag, für Ordnung zu sorgen. Dieser ließ Gefangene und Verdächtige ohne Gerichtsverhandlung exekutieren und organisierte schließlich eine Massenertränkung. Die Gefangenen wurden zusammengetrieben, jeweils zu Zweien zusammengebunden und auf flache Barken verladen, die man in der Loire versenkte. 1794 wurde ***Carrier*** unter dem Thermidor auf der Guillotine hingerichtet. Die Stadt Nantes und ihre Wirtschaft erholten sich bald.

Durch die Revolution war der Sklavenhandel abgeschafft worden und die Stadt musste sich umstellen. Bald schöpfte man neuen Erfolg aus der Nahrungsmittelproduktion und Metallverarbeitung. Die Entstehung der Konservenherstellung, der Raffinerie und der Porzellanherstellung gehören zu den Säulen des Aufschwungs im 19. Jahrhundert. Um diese Zeit entstand auch die Passage Pommeraye mit ihren Geschäften auf beiden Seiten, in der ***Flaubert*** auf seiner Reise »chinesische Stoffe, türkische Sandalen oder Körbe vom Nil kaufte, um mit eigenen Händen all die Spielzeuge zu berühren, die von jenseits des Meeres gekommen waren – Götter und Schuhe, Sonnenschirme und Laternen, hinreißende Nichtigkeiten ...« Die damals noch sehr neuen Metallelemente der Architektur haben später ***Jacques Demy*** inspiriert, der die Stadt als Schauplatz für *Lola* und *Une chambre en ville* wählte.

Ganz in der Nähe liegt eine der geschäftigsten Straßen der Stadt, die Rue Crébillon. Sie hat bei den Nantesern das Wort »crébillonner« geprägt, ein Synonym für den ausgedehnten Einkaufsbummel. 1828 kam auf der Île de Feydeau ***Jules Verne*** zur Welt. Im Alter von zwölf Jahren versuchte er, sich als blinder Passagier mit der *La Coralie* nach Indien einzuschiffen. Zwar scheiterte das Vorhaben, doch die Faszination des Reisens verließ ihn nie mehr. Als Erwachsener ging er mit jedem seiner Romane auf Reisen.

Durch die Zuschüttung der Loire-Nebenarme zu Beginn des 20. Jahrhunderts sind die Île de Feydeau und die alte Île Gloriette heute keine Inseln mehr.

Nantes

Das Schloss der Herzöge der Bretagne war bekannt wegen der Lebensart der Bewohner und der Feste, die sie dort veranstalteten, besonders während der Regentschaft von François II. In der dortigen Kapelle fand auch die zweite königliche Hochzeit der Anne de Bretagne statt: 1499 heiratete Anne nach dem Tod Charles VIII. den König Ludwig XII. Für andere jedoch war das Schloss ein Gefängnis. In seinen Kerkern saßen bekannte Häftlinge, darunter Gilles de Rais sowie später Fouquet und die Herzogin von Berry. 1598 unterzeichnete Henri IV. im Schloss das berühmte Edikt von Nantes, mit dem den Protestanten die Ausübung ihres Glaubens wieder gewährt wurde.

Seiten 75/76

Das Château de la Roche-Jagu

Das Château de la Roche-Jagu ragt über der Mündung des Trieux auf, zu deren Sicherung und Verteidigung es im 15. Jahrhundert erbaut wurde. Von dem Rundweg aus hat man einen schönen Blick auf bewaldete Hänge, die bis zum Fluss hinab reichen.

L'ARGOAT

Ille-et-Vilaine

Das Pays de Dol

Der Berg Dol war, wie der Mont Saint-Michel, von dichten Wäldern bedeckt, ehe die Sturmflut des Jahres 709 aus ihm zwei Inseln machte. Noch heute findet man hier die Spuren eines Titanenkampfes, in dem einmal mehr der ***Heilige Michael*** gegen den Teufel antrat: das »trou de diable« (Teufelsloch) und den »pied de Saint-Michel« (Fuß des Heiligen Michael). Fragmente von Werkzeugen und Überreste von Tieren beweisen, dass schon seit dem Paläolithikum Menschen an diesem Platz siedelten. Heute überragt der Hügel eine gewaltige Ebene mit fruchtbarer Erde, die nach und nach den Sümpfen abgetrotzt wurde. Das Land ist durchschnitten von einem Netz aus Entwässerungsgräben und grenzt an die Polder, auf denen Salzwiesenschafe weiden.

Am Rand der Sümpfe liegt Dol, das seine beeindruckende Kathedrale der Verehrung des ***Heiligen Samson*** und der mächtigen Rolle seines Erzbischofs im Mittelalter verdankt. Der Bau wurde im 12. Jahrhundert begonnen und erst vier Jahrhunderte später fertig gestellt. Die Kathedrale im Stil der normannischen und englischen Gotik erweckt von Norden betrachtet fast den Eindruck einer Festung. Das große Portal im Süden dagegen ist mit hinreißenden Bogenrundungen verziert. Früher gab es von der Kathedrale eine Verbindung zu den Bollwerken, auf deren Überresten heute die schöne Promenade des Douves liegt. Auch in den angrenzenden Straßen findet man Reste alter Zeiten, das schöne Maison des Plaids aus dem 12. Jahrhundert ist ein besonders gutes Beispiel. In Richtung Combourg liegt Champ-Dolent mit einem besonders beeindruckenden Menhir aus rosafarbenem Granit. Auf dem Gipfel ragt heute ein Kreuz neun Meter in die Höhe. Es heißt, der Himmel habe diesen gewaltigen Stein geschickt, um einen blutigen Kampf zu beenden, dessen Grund und Zeitpunkt sich jedoch im Dunkel der Geschichte verloren haben.

Das Schloss Combourg mit seinen runden Türmchen erinnert an die Familie ***Du Guesclin***, die es einmal besaß, vor allem aber an ***Chateaubriand***, der hier einen Teil seiner Kindheit verbrachte und dessen Geist noch immer durch den Park, die Ufer des Teiches und die Zinnen der hohen Mauern spukt. »Das Fenster meines Turmzimmers ging auf den Innenhof. Am Tage sah ich die Zinnen des gegenüber liegenden Flügels (...), in der Nacht (...) die Eulen, die von einem Turm zum anderen flogen, hin und her, zwischen dem Mond und mir, und auf meine Vorhänge die bewegten Schatten ihrer Flügel malten.« Die *Mémoires d'Outre-Tombe* enthalten die wertvollsten Erinnerungen an eine Kindheit, die der Schriftsteller in diesem Gemäuer erlebte. Er war erst zehn Jahre alt, als er – zwischen einem wortkargen Vater und einer geistesabwesenden Mutter – die Tour de Chat bewohnte, einen abseits gelegenen Turm, um den sich die gruselige Geschichte eines spukenden Phantoms rankte. Die Atmosphäre von Combourg konnte den Vorreiter der Romantik nicht unberührt lassen, der zum Vorbild für ***Victor Hugo*** und andere wurde. Viele Schriftsteller und ihre Leser kamen hierher, um seine Spuren zu suchen, darunter auch ***Flaubert***: »Wir standen am Ufer des Sees, wo er die flinken Schwalben im Schilf beobachtet hatte, im Schatten des Waldes, wo er den Weg des Regenbogens über den verregneten Hügeln verfolgt hatte, wir hörten das Rascheln der Blätter im Wind, das wie ein Plätschern klang und mit dem sich das traurige Murmeln seiner Jugendkümmernisse vermischt hatte.«

Combourg

Combourg könnte nur ein schönes Feudalschloss sein, das im 19. Jahrhundert restauriert wurde. Doch es ist mehr: Es ist der Ort, an dem die Anhänger Chateaubriands sich auf die Suche nach seinen Spuren begeben und die Atmosphäre auskosten, in der er einen Teil seiner Kindheit verbrachte. »Sein Zimmer! Sein karges Kinderzimmer! Hier haben ihn die herumirrenden Geister geplagt, die seine unruhigen Nächte gestört haben und ihn erst wirklich ins Leben riefen«, schreibt Flaubert. Die strenge Tour de Chat (Katzenturm), in der Chateaubriand damals wohnte, die finsteren Farben des Schlosses und der dicht bewachsene Park haben sicherlich den künftigen Romantiker stark geprägt, der diesem Schloss einen Teil seiner Memoiren widmete.

Das Pays de Rennes

Bei Rennes, inmitten eines großen Beckens zwischen bewaldeten Hügeln, fließen Ille und Vilaine zusammen. Unter dem Namen Condate war die Stadt der Redonen schon Hauptstadt der Bretagne, ehe sich hier auf der Kreuzung zweier wichtiger Handelswege eine römische Siedlung entwickelte. 1561 trug Rennes einen Sieg über seinen ewigen Gegner Nantes davon und eroberte damit einen Sitz im Parlament, das zehn Jahre vorher eingesetzt worden war. Die Spitzen der Gesellschaft errichteten Gebäude, die ihrem Rang angemessen waren. Meist hatten sie Holzfassaden und viele waren geschmückt mit Erkern, Außentreppen und Galerien. Noch heute machen sie den Charme der Altstadt rings um die Kathedrale Saint-Pierre und die Kirche Saint-Sauveur aus.

In der Nähe der Kathedrale findet man auch noch Überreste der Wallanlagen aus dem 15. Jahrhundert mit der Porte de Mordelaise, durch die die Herzöge der Bretagne einzogen, wenn sie zu ihrer Krönung hierher kamen. Im Osten der Stadt ist von einer alten Benediktinerabtei die Kirche Notre-Dame am Eingang des Parc du Thabor erhalten geblieben, in dem rings um einen botanischen Garten und ein Rosarium ein Park im klassisch französischen Stil mit Rasenflächen, Mauern, Springbrunnen und Wäldchen sowie ein natürlicherer Landschaftsgarten angelegt wurden.

Das Herz von Rennes zwischen dieser grünen Oase und der Altstadt hat ein ganz anderes Gesicht. Im Jahre 1720 wütete hier eine Woche lang ein Großfeuer, und während der späteren Restaurierungsarbeiten sind hier schöne Wohnhäuser mit klassischen Fassaden entstanden. Den Auftrag zum Bau des Rathauses, das von seinem Glockenturm überragt wird, erhielt der Baumeister ***Gabriel***. Auf der Place du Palais, die er neu gestaltet hatte, greift das ein Jahrhundert später errichtete Hôtel du Parlement (heute Palais de Justice) den Stil der Zeit wieder auf und hat in seiner Nachbarschaft ebenfalls einige schöne Gebäude im Stil Ludwigs XV. zu bieten.

Der Palais des Musées umfasst eine landeskundliche Ausstellung sowie ein Museum der schönen Künste. ***Rubens, La Tour, Corot, Picasso*** und viele andere Schätze werden dort ausgestellt, natürlich auch Werke aus der Ecole de Pont-Aven. Doch die Stadt fühlt sich nicht nur der Geschichte verbunden. Sie ist heute wegen der verschiedenen Industriebetriebe, die sich in den Außenbezirken angesiedelt haben, eine bedeutende Handelsstadt, außerdem herrscht hier ein rühriger Kulturbetrieb. Fachhochschulen und Universitäten, eine Kunsthochschule, Kulturhäuser, Theater und Konzertsäle führen die lange, strahlende Tradition der Stadt fort. ***Paul Féval***, der in Rennes geboren wurde, wurde durch seine Werke *Le Bossu* und *Le Loup blanc* berühmt, doch stammen von ihm auch die *Contes de Bretagne*, in denen er die Erinnerung an verschiedene Legenden mit einem satirischen Porträt des typischen Bretonen vermischt: seiner Region aufs Engste verbunden und dickköpfiger als der Teufel persönlich.

In der Nähe von Rennes bilden die Megalithen von La Roche-aux-Fées einen Dolmen aus etwa vierzig Steinen, deren schwerster auf 85 Tonnen Gewicht geschätzt wird. Das Monument, das etwa 2500 v. Chr. entstand, gehört zu den bedeutendsten Frankreichs. Der Legende nach ist es ein Werk der Feen, denn die gewaltigen Brocken aus rotem Sandstein, aus denen es besteht, müssen über viele Kilometer hierher transportiert worden sein. An diesen Ort kamen auch verlobte Paare, um die Beständigkeit ihres künftigen Glücks zu prüfen, indem sie in einer Neumondnacht den Dolmen umwanderten und dabei gemeinsam die Steine zählten.

Die Befestigungsanlagen der alten bretonischen Grenzzone haben nördlich und westlich von Rennes Spuren hinterlassen, die auf überaus wehrhafte Stadtanlagen hindeuten: Fougères und Vitré.

Rennes

Rennes, die alte Hauptstadt der Redonen, war schon ein wichtiger Verkehrsknotenpunkt, ehe sie im 16. Jahrhundert zum Sitz des bretonischen Parlaments wurde. Nach einem gewaltigen Brand im Jahre 1720 mussten große Teile der Stadt neu aufgebaut werden. Heute findet man dort prächtige Wohnhäuser, von denen viele auf den Baumeister Gabriel zurück gehen. Lediglich ein kleiner Bereich der Altstadt blieb von dem Feuer verschont. Typisch für den Stil der Altstadt sind die Rue de Psalette mit ihren malerischen Fachwerkhäusern, ebenso wie die Rue Saint-Guillaume und die Rue Saint-Michel nahe der Kathedrale.

Das Schloss wurde im Tal auf einem Landvorsprung in einer Flusswindung des Nançon errichtet, während sich die Häuser an die Hänge des Ufers schmiegten. Die Festung auf der Grenze zwischen Maine und Normandie war im Lauf ihrer Geschichte viele Male hart umkämpft. Schon im 12. Jahrhundert lehnten sich die Barone von ***Fougères*** gegen die ***Plantagenêts*** auf, die mit dem Herzog der Bretagne verbündet waren. Nach einer dreimonatigen Besatzung wurde das Schloss gestürmt. So ging es in den Besitz neuer Herren über, die von sich behaupteten, Abkömmlinge von ***Mélusine*** zu sein, einer Fee, die halb Fisch, halb Frau war. Ein Turm des Schlosses trägt noch immer ihren Namen. Von einem Rundweg aus kann man die Anlage mit den dreizehn wuchtigen Türmen überschauen, die zwischen dem 12. und 15. Jahrhundert entstanden.

Außerhalb des Schlosses liegt die Kirche Saint-Sulpice mit ihrem imposanten Turm. Im Inneren befindet sich eine Statue der Notre-Dame-des-Marais, die hier schon seit Jahrhunderten verehrt wird.

Fougères war ursprünglich eine Stadt der Tuchmacher, ehe sie sich im 19. Jahrhundert der Schuhproduktion zuwandte. Hier kam auch der ***Marquis de La Rouërie*** zur Welt, einer der Mitstreiter der Chouannerie. Am Rande des Waldes, in dem früher die Druiden ihren Geschäften nachgingen, kennzeichnet ein Denkmal den Ort, an dem die Chouans 1793 ihre erste Versammlung abhielten. Zwei Schriftsteller haben sich von einem Aufenthalt in Fougères inspirieren lassen, über dieses Thema zu schreiben: ***Balzac*** in *Les Chouans* und ***Victor Hugo*** in *Quatre-vingt-treize*.

Das Schloss von Vitré überragt das Wasser der Vilaine und eine alte Stadt mit mittelalterlichen Straßen. Das Schloss mit seinen Türmchen und den »Pfefferstreuer-Dächern« wurde zwischen dem 13. und 16. Jahrhundert errichtet. Es diente eine Zeit lang als Rathaus, wurde aber später in ein Museum umgewandelt. Zu seinen Füßen erinnern die hübschen alten Häuser an eine Vergangenheit, in der die Stadt durch den Tuchhandel recht wohlhabend war. In der Nähe der Kirche Notre-Dame mit ihren prächtigen gotischen Elementen führt die Promenade du Val an den alten Bollwerken entlang, die die Stadt einmal umgaben. Am nördlichen Flussufer liegt das Viertel Rachapt, das während des Hundertjährigen Krieges von den Engländern zurückgekauft wurde. Von hier aus gelangt man zu den Tertres Noirs, von denen man einen großartigen Blick auf die erstaunlich gut erhaltenen Stadtanlagen hat.

Eine der Straßen von Vitré trägt den Namen einer berühmten Schlossherrin aus der Umgebung, ***Madame de Sévigné***. In ihrem Schloss Rochers südlich von Vitré schrieb sie zahlreiche *Lettres*. ***Madame de Sévigné*** führte hier ein recht zurückgezogenes Leben, von dem ihre Briefe ausführlich berichten. Natürlich berichten ihre Schriften auch über die blutige Unterdrückung des »Stempelpapier«-Aufstandes, ebenso detailliert wie ihre Beschreibungen des Hofes. In späteren Jahren verbrachte die Marquise mehr und mehr Zeit auf ihrem bretonischen Schloss, und ihre Besuche am Hof, die für ihre wenig stabile Finanzlage zu kostspielig waren, wurden immer seltener. Das Schloss ist heute gegenüber der damaligen Zeit kaum verändert und beherbergt noch viele authentische Alltagsgegenstände. Die Alleen im Park, für die sie viel Fürsorge aufwandte, erinnern durch Namen wie l'Humeur de ma fille, la Royale, la Solitaire an ihre Besitzerin.

Das Schloss von Trécesson

Im Wald von Paimpont, dem legendären Brocéliande, ist Wasser allgegenwärtig – in Form von Quellen, Brunnen und Seen. Die Abtei von Paimpont und das Schloss Comper spiegeln ihre Fassaden im Wasser eines Sees, ebenso wie das Schloss von Trécesson, das im 15. Jahrhundert erbaut wurde und seine Mauern aus purpurnem Schiefer zwischen hohen Bäumen empor reckt.

Im Grenzbereich zwischen Ille-et-Vilaine und Morbihan erstrecken sich die größten Überreste des uralten bretonischen Waldes, der mit dem Sagenwald Brocéliande gleichgesetzt wird, auf einer 7000 Hektar großen, von Teichen durchsetzten Fläche. Das Schloss Paimpont, das im Herzen dieses Gebietes liegt, ist noch immer Schauplatz der alljährlichen Versammlung der Druiden. Dort findet man auch die Reste eines Klosters, das im 7. Jahrhundert von König ***Judicaël*** gegründet wurde. Im Norden spiegelt das alte Schloss Comper seine Fassade im Wasser eines Sees, im Süden des Waldes steht das Schloss von Trécesson.

Abseits der großen Straßen kann man an kleinen Wegen aus roter Erde Brunnen, Megalithen und Kapellen entdecken, die allesamt Episoden aus der Artussage oder örtliche Legenden erzählen. Ein besonders beeindruckender Teil dieser Landschaft ist zweifellos das Val sans Retour (Tal ohne Wiederkehr). Steile Wege führen bis zum Grund eines Tales, in dem eine kleine Wasserfläche glitzert. In mitten von hohen Bäumen und Felsen, von plätscherndem Wasser und zwitschernden Vögeln versteht jeder Spaziergänger, dass die Fantasie der Menschen diesen Wald mit Feen, Hexen, Rittern, Riesen und Drachen bevölkerte.

Ein Stück weiter liegt, überwuchert von Pflanzen, das Sagenschloss Maison de Viviane, eine Kultstätte aus dem 3. Jahrhundert v. Chr. Noch geheimnisvoller ist der Jardin aux Moines: Man weiß bis heute nicht, ob der etwa 2000 v. Chr. errichtete Steinkreis rituellen oder religiösen Zwecken diente. Der Legende nach handelt es sich um Mönche, die in Steine verwandelt wurden, weil dem Himmel ihr üppiges Leben nicht gefiel. Unweit des Val sans Retour liegt die Kirche von Tréhonrenteuc, die eine Art Gralsmuseum beherbergt. Ihre gesamte Dekoration – Mosaiken, Bilder und Fenster – berichten von den Helden der Artussage.

Vitré
Während der Wirren des Mittelalters schützte sich die Bretagne, indem sie ihre Festungen vervielfachte. Auch die Festung von Vitré entstand in dieser Zeit, wurde jedoch später mehrfach erweitert und verstärkt. Die alte Stadt, die einen Gebirgsvorsprung über der Vilaine krönt, hat sich die Trutzigkeit

Das Pays de Redon

Am Zusammenfluss des Oust und der Vilaine, halbiert durch den Kanal von Nantes nach Brest, liegt Redon, das als geschäftiger Flusshafen für die Umladung von Tuch und Holz eine lange Tradition hat. Heute sind die Frachtschiffe den Sportbooten gewichen, doch Industrie und Handel florieren nach wie vor. Die Stadt hat sich um ein Kloster entwickelt, das kurz vor den Einfällen der Normannen unter König ***Nominoé*** von ***Saint Conwöion*** gegründet wurde. Das Benediktinerkloster wurde restauriert und strahlte vom 10. Jahrhundert an unter dem Schutz der Herzöge der Bretagne über die ganze Region. Heute ist in den alten, mehrfach restaurierten Klostergebäuden neben der Kirche Saint-Sauveur eine Schule gleichen Namens untergebracht.

Der romanische Glockenturm aus dem 12. Jahrhundert ist ein für die Bretagne einmaliges Exemplar:

ein rechteckiger Turm mit abgerundeten Ecken und drei Arkadenreihen. Der gotische Glockenturm, der mehr als zwei Jahrhunderte jünger ist, wurde durch eine Feuersbrunst von der Kirche getrennt, in der auch ein großer Teil des Kirchenschiffs zerstört wurde. Unter den Resten alter Gebäude, die an den Straßen und Hafenanlagen der Stadt noch erhalten sind, befindet sich auch das Hôtel Richelieu in der Rue Du Plessis, in dem der ***Kardinal*** den Kreuzgang der Abtei rekonstruieren ließ. Nördlich von Redon versteckt sich im Gebiet von Cojoux eine wichtige prähistorische Stätte. Zwischen Vieux-Bourg und dem Dörfchen Saint-Just gibt es in einer Landschaft aus Hügeln und Heideflächen zahlreiche Megalithen aus Quarzgestein oder Schiefer, die Dolmen, Cromlec'hs und Tumuli bilden. Auch hier vermischen sich die Erinnerungen an die Errichter dieser Stätte mit den Legenden der Druiden, die diese Orte für ihre Rituale benutzten.

ihrer runden Türme und soliden Mauern, aber auch den Charme der mittelalterlichen Gassen erhalten. Die Einwohner, die regen Handel im eigenen Land und in Übersee trieben, haben Fachwerkhäuser mit Erkern und Galerien hinterlassen, die bis heute erstaunlich gut erhalten sind. Auch die Kirche der Stadt ist bemerkenswert.

Die Côtes d'Armor

Das Trégor

Umgeben von Wäldern überragt das Schloss von Tonquédec das Tal du Léguer und bietet von seinem Wachturm einen weiten Blick über das Trégorois. Das Schloss ist eines der beeindruckendsten mittelalterlichen Bauwerke der Region. Es wurde im 13. Jahrhundert erbaut und 1395 von ***Jean IV. der Bretagne*** niedergerissen, weil sich der Herr von Tonquédec mit dessen Feind ***Olivier de Clisson*** verbündet hatte. Bald darauf wurde es wieder aufgebaut und dabei um luxuriöse Wohnräume und einen Burggraben erweitert, ehe es unter ***Richelieu*** erneut zerstört wurde.

Ganz in der Nähe erhebt sich das Schloss von Kergrist inmitten eines klassischen Gartens. Seine Terrassen mit Blick über die Wälder liegen oberhalb eines wilderen Parkes. Die Fassaden des Schlosses zeugen von seiner langen Entstehungsgeschichte. Man findet neben Elementen der Gotik und des Klassizismus auch Elemente des 18. Jahrhunderts.

Auch das Schloss Rosanbo wurde zwischen dem 14. und 19. Jahrhundert mehrfach umgebaut. Es ersetzte eine alte Festung, die über dem Lauf des Bo aufragte. Der größte Teil seiner Bauten geht auf das 17. Jahrhundert zurück. Hier befindet sich eine Bibliothek mit 8000 Bänden, die einmal ***Claude Le Peletier***, dem Nachfolger ***Colberts***, gehört hatte. Außerdem enthält das Schloss schöne Exemplare bretonischer und italienischer Renaissance-Möbel. Rings um das Schloss liegen klassische Gartenanlagen, üppig grüne Nischen und schattige Wäldchen mit vereinzelten toskanischen Vasen.

Neben seinen Schlössern besitzt das Trégor kultische Stätten mit langer Tradition, darunter die Kapelle von Kerfons, deren schöne, geschnitzte Empore aus dem 15. Jahrhundert stammt. Weiter südlich ist die Kapelle des Sept-Saints in Vieux-Marché den »Sept Saints Dormants d'Ephèse« (den sieben schlafenden Heiligen aus Ephesus) geweiht. Legenden von den sieben Heiligen, die hingerichtet wurden, weil sie ihrem Glauben nicht abschwören wollten, findet man auch im Islam. Hier jedoch spielen sicherlich die örtlichen Legenden von den sieben Brüdern eine größere Rolle – vor allem die, der zufolge die Bretagne von sieben Brüdern gegründet wurde.

In Guigamp, der alten Hauptstadt der Grafschaft Penthièvre, ehrt man im Juli eine schwarze Madonna. Die Jungfrau, die normalerweise in einer Kapelle der Basilika Notre-Dame-du-Bon-Secours untergebracht ist, wird prächtig bekleidet und dann bei Nacht durch die Straßen getragen. An die Prozession schließt sich eine Messe an. Der Bau von Notre-Dame wurde im 14. Jahrhundert begonnen und ist eine ungewöhnliche Mischung aus Gotik auf der linken und Renaissance auf der rechten Seite.

Das Schloss von Kergrist

Im Süden von Lannion liegt das Schloss von Kergrist, das zu den interessantesten Bauten des Trégor gehört. Sein Bau dauerte vom 14. bis ins 18. Jahrhundert und präsentiert neben gotischen Fassaden mit attraktiven Spitzgiebeln auch Flügel im klassischen Stil inmitten einer kunstvoll-akkuraten Gartenanlage.

Nach dem Einsturz eines Turmes wurde die Kirche im 16. Jahrhundert wieder aufgebaut und restauriert. Auf der Place du Centre erhebt sich zwischen alten Häusern ein schöner Brunnen mit drei Becken, die mit Najaden, Widdern und Delfinen verziert sind. Im August verzaubert das Festival de Danse de Saint-Loup drei Tage lang die Straßen der Stadt. Gruppen, die zu dem Festival angereist sind, ziehen hinter ihren Musikanten durch die Straßen. Künstler aus der Bretagne, aber auch aus anderen Ländern wie Spanien und Irland vermischen inzwischen das traditionelle keltische Repertoire mit modernen Musikformen wie Jazz und Rock. Außer bei traditionellen Familienfesten wie Hochzeit und Taufe sowie Bittwallfahrten gab es Tanzvergnügungen meist nur in Zusammenhang mit gemeinsamer Arbeit.

Wenn man Verwandte oder Nachbarn zum Mähen oder Dreschen des Weizens oder Flachses zu Hilfe holte, bot man ihnen neben einer stärkenden Mahlzeit auch einen langen, geselligen Abend, der die kollektive Anstrengung um ein gemeinsames Vergnügen bereicherte. Damals tanzte man *plinn* mit Bewegungen, die an das langsame Gehen auf gepflügter Erde erinnerten, oder *fisel* mit einem schnelleren, lebhafteren Rhythmus.

Einige Kilometer von Guingamp entfernt reckt die Kirche von Loc Envel ihren prächtigen gotischen Glockenturm in die Höhe. Steigt man die Stufen zum Schloss hinauf, entdeckt man die sonderbaren Wasserspeier an der Fassade. Das Innere des Baus ist überaus prächtig ausgestaltet. Die Empore, die Gewölbe und die vielfarbigen, kunstvoll gestalteten Lettner machen aus dieser Kirche eines der besten Beispiele für die überraschenden Kunstschätze abseits der üblichen Reisewege. In einer traditionellen Geschichte heißt es, die Brüder ***Envel*** seien Zwillinge gleichen Namens gewesen, die von jenseits des Kanals gekommen waren, um sich in den Wäldern bei Coat-an-Noz (Wald der Nacht) und Coat-an-Haz (Wald des Tages) niederzulassen und ihr Leben Gott zu weihen.

Vom Gipfel des Menez-Bré, dem auf 300 Metern liegenden höchsten Punkt des Trégor, überschaut man die Täler des Trieux, des Jaudy und des Guindy, die sich durch ein Plateau aus Heidelandschaften und Wäldern schlängeln, das sich bis zum Meer erstreckt. Im Süden sieht man die Hügel der Cornouaille und die Berge des Arrée. Auf dem Menez-Bré selbst steht eine Saint-Hervé geweihte Kapelle, in der man früher Messen las, um die Seelen von Dämonen zu befreien.

Vom Hyères bis zur Rance

Zwischen Bourbriac und dem Wald von Duault liegen in der Heidelandschaft verschiedene kleine Burgen und zahlreiche Megalithen verstreut. In der Nähe von Duault hat sich Callac, das einmal einen berühmten Pferdemarkt beherbergte, heute auf die Zucht von bretonischen Spaniels spezialisiert. Loudéac im Herzen des bretonischen Binnenlandes ist noch immer ein wichtiges landwirtschaftliches Zentrum der Schweine- und Geflügelzucht. In dieser Region aus Wäldern, Heidelandschaften und Sümpfen, durchschnitten von Tälern und Schluchten, hat die Viehzucht seit jeher einen hohen Stellenwert. Früher brachte sie der Gegend einen Wohlstand, der den Bau zahlreicher Kapellen, schöner Herrenhäuser und Schlösser ermöglicht hat.

In der Kirche von Bourbriac, einer stattlichen Festungsstadt mit soliden Granithäusern, wurden früher einmal die Überreste von ***Saint Briac*** aufbewahrt, der angeblich Krankheiten des Nervensystems heilen konnte. Im weiter südlich gelegenen Bulat-Plestivien fand im Mittelalter eine stark besuchte Bittwallfahrt statt. In dem kleinen Dorf gibt es eine bemerkenswerte Renaissancekirche. Unter kunstvollen Arkaden sind im Portalvorbau noch die farbig gefassten Statuen der zwölf Apostel zu sehen.

La Hunaudaye

Die Festung von Hunaudaye, im 13. Jahrhundert von den mächtigen Lehnsherren von Tourmine errichtet, galt als eine der sichersten im Penthièvre zwischen Guingamp und Lamballe. Die Wohnräume sind heute verfallen, doch die Wachtürme mit ihren vier Meter dicken Mauern haben den Zeiten, verschiedenen Angriffen und den Zerstörungen während der Revolution standgehalten.

Die Spitze des eleganten Turmes, des höchsten des ganzen Départements, wurde erst im 19. Jahrhundert hinzugefügt. Im Inneren sieht man einen gewaltigen Tisch aus dem 16. Jahrhundert, der früher zum Ablegen der Spenden gedacht war und der von der Zahl der Gläubigen zeugt, die zu den Wallfahrten nach Bulat kamen. Jünger und ungewöhnlicher dagegen ist ein Gesangspult aus geschnitztem Holz, das einen Edelmann darstellt. Die Lehnsherren von Rostrenen errichteten die Kirche von Kergrist-Moëlou im 16. Jahrhundert. Der benachbarte Calvaire umfasst eine Vielzahl von Figuren. Wie bei vielen ähnlichen Stätten, die unter der Revolution zerstört und während der folgenden Wirren wieder aufgebaut und restauriert wurden, ist die Reihenfolge der biblischen Szenen allerdings auch hier etwas durcheinander geraten.

Nördlich des Waldes von Quénécan beschwört eine Kapelle aus dem 15. Jahrhundert die Legende des Lehnsherren von Poher herauf, der seine Ehefrau und sein Kind enthauptet haben soll. Die arme Frau, die ***Heilige Tréphine***, wird hier – wie auch an anderen ihr geweihten Stätten – mit dem Kopf in den Händen dargestellt.

In der Nähe des Sees von Guerlédan liegt an der Grenze zum Morbihan das Dorf Mûr-de-Bretagne, das ***Corot*** inspiriert hat. Hohe Bäume umstehen die Kapelle Sainte-Suzanne, ein schönes Gebäude aus dem 17. Jahrhundert. Mûr gehörte zu den Besitzungen der Familie ***Rohan,*** die im 12. Jahrhundert die Abtei von Bon-Repos gegründet hat. Die Abteigebäude und die Kirche, die heute nur noch als Ruinen zu erkennen sind, beherbergten über Jahrhunderte eine Zisterzienser-Gemeinschaft, die großen spirituellen Einfluss auf die Umgebung hatte.

Östlich von Carhaix-Plouguer, der ehemaligen Hauptstadt der Osismen und später eine Kreuzung alter römischer Straßen, öffnen sich mehrere Schluchten auf malerische Landschaften. Quer durch den Wald geschlagene Schneisen führen bis zu den Schluchten von Corong, wo das Wasser in Kaskaden über gewaltige Steine rauscht, oder zu denen von Toul-Golic, wo sich der Blavet ein Stück seines Laufes unter den Felsen verliert, aber dennoch sein Brausen hören lässt.

Théophile de la Tour d'Auvergne, den ***Bonaparte*** als Dank für seine Dienste zum ersten Brigadier der Republik erklärte, wurde in Carhaix-Plouguer geboren. Es heißt, dass der Offizier, der sich für die keltische Sprache begeisterte, stets eine Grammatik bei sich trug – sogar auf seinen Feldzügen. Eine Statue ehrt den berühmten Helden der Stadt, von dem einige Erinnerungsstücke im Bürgermeisteramt verwahrt werden. In der Nähe von Carhaix liegt in Kerbreuder ein Calvaire, der neben dem von Notre-Dame-de-Tronoën zu den ältesten der Bretagne zählt.

Weiter westlich liegt die Pferdestadt Lamballe. Das Gestüt, das im 19. Jahrhundert gegründet wurde, ist hinsichtlich der Zahl der dort lebenden Pferde das zweitgrößte Frankreichs. Die Stadt, die drei Jahrhunderte lang die Hauptstadt des Penthièvre war, hat ihr Schloss verloren. ***Richelieu*** ließ es schleifen, als der Schlossherr ***César de Vendôme***, ein Sohn von ***Henri IV.*** und ***Gabrielle d'Estrées***, gegen ihn intrigierte.

Im 18. Jahrhundert erhielt der Lehnsherr von Lamballe den Titel eines Prinzen. Die junge, früh verwitwete ***Prinzessin von Lamballe***, blieb bis zu deren letzten Tagen eine enge Freundin ***Marie-Antoinettes***. In Lamballe sind einige alte Häuser erhalten, ebenso die Kirche Notre-Dame mit ihrem beeindruckenden Gewölbe aus dem 15. Jahrhundert. Dort, wo früher einmal das Schloss lag, blicken jetzt Terrassen und Spazierwege über die schöne Landschaft im Tal des Gouessant. Von hier aus bieten sich Moncontour und La Hunaudaye für Ausflüge vom Charakter einer Zeitreise an.

Die schöne Stadt Moncontour, die im 11. Jahrhundert befestigt wurde, hat sich noch einige Überreste der Bollwerke bewahrt, die wieder einmal ***Richelieu*** teilweise schleifen ließ. Jedes Jahr findet hier ein mittelalterliches Fest statt. Die Türme des Château de la Touche-Trébry ganz in der Nähe wurden im Schutz einer Umwallung zu Beginn der Renaissance in einem eher mittelalterlichen Stil erbaut. Die Lehnsherren von Tournemine besaßen zwischen dem 13. und dem 17. Jahrhundert eine so große Macht, dass sie in La Hunaudaye die eindrucksvollste Festung des Penthièvre bauen ließen. Zwei Türme sind von dem ursprünglichen Bau noch erhalten, der Rest stammt größtenteils aus dem 15. Jahrhundert. Die wuchtige Anlage hatte die Form eines Polyeders mit einem Turm auf jeder Ecke und war zusätzlich durch einen Wassergraben geschützt. Gewaltige Korridore und eine imposante Renaissancetreppe lassen noch ahnen, welch prächtige Räume sich hinter den wehrhaften Mauern einmal verbargen.

Wenngleich Spuren aus gallo-römischer Zeit in der Bretagne eher selten sind, hat doch Corseul bei Dinan einiges zu bieten. Die alte Stadt der Coriosoliten liegt auf der Kreuzung verschiedener römischer Straßen und war zwischen dem 1. und dem 4. Jahrhundert eine bedeutende Siedlung. Der Jardin de la Mairie und der Jardin des Antiques zeigen noch einige Elemente dieser Architektur (Säulen und Kapitelle), während in einem Museum zahlreiche Gegenstände des Alltags zu besichtigen sind: Fibeln, Münzen, Keramik, Urnen und Sandalen. Die Spuren des gewaltigen Forums, der Tempel und der Villen sind heute verwischt, doch in der Kirche findet man noch einen Grabstein mit einer römischen Inschrift. Es ist ein Geschenk eines römischen Offiziers, der ihn für seine Mutter hatte herstellen lassen, als diese ihn in Armorika besuchte.

Ganz in der Nähe befindet sich der Tempel von Haut-Bécherel, auch »Marstempel« genannt. Der vieleckige Turm mit seinen zahlreichen Schießscharten gehörte vermutlich einmal zu einem Gebäude, das längst verschwunden ist. Heute ist es das spektakulärste Denkmal aus römischer Zeit in dieser Region, das alle Unbillen der Zeit seit dem 1. Jahrhundert überdauert hat.

Moncontour

Die befestigte Stadt von Moncontour stammt ursprünglich aus dem 16. Jahrhundert, wurde aber von Richelieu geschliffen. Später entwickelte sie sich zu einem Sammlungsort für die Chouans. In den schönen Straßen mit den alten Häusern findet jedes Jahr ein Fest der Gaukler, Jongleure und Straßenkünstler statt, das an die Blütezeit der Stadt im Mittelalter erinnert.

Das Finistère

Der Wald von Huelgoat

Der Wald von Huelgoat erstreckt sich am südlichen Abhang des Mont d'Arrée und ist Teil des Nationalparks von Armorika, der 1969 eingerichtet wurde. Mit seinen von Tälern durchschnittenen Hügeln und den Ansammlungen von Granitblöcken, die im Lauf der Jahrhunderte von fließendem Wasser zu bizarren Formen geschliffen wurden, zählt er zu den faszinierendsten Waldlandschaften der Bretagne. Dieser »Bois du haut« (Wald der Höhen) ist wilder und verwachsener als Brocéliande, dessen äußerster westlicher Teil er früher einmal war. Erinnerungen an König ***Artus*** und andere Sagenfiguren spuken auch hier durch das Unterholz.

Am Rand des Waldes entspringt aus dem See von Huelgoat der Fluss Argent (Silber). Sein Name erinnert an die Minen bei Huelgoat-Poullaouen, wo man zwischen dem 17. und 19. Jahrhundert silberhaltiges Blei förderte. Folgt man seinem Bett entlang der Wildnis von Moulin und der tiefen Schlucht, entdeckt man viele abgerundete Steine. Sie liegen häufig in faszinierenden Konstellationen, die über ihr enormes Gewicht hinwegtäuschen. Selbstverständlich gibt es verschiedene Legenden, die ihre Ursprünge erklären. In der bekanntesten heißt es, dass die verfeindeten Bewohner der beiden Nachbarstädte Plouyé und Berrien sich mit diesen gewaltigen Steinen gegenseitig bombardiert hätten. Trotz ihrer enormen Kräfte seien die Wurfgeschosse jedoch auf halber Strecke im Wald zwischen den beiden Städten herabgefallen. In anderen Versionen schaltet sich der Riese ***Gargantua*** oder ***Gawr*** in den Kampf ein.

Verschiedene Steine, die einzeln am Ufer des Flusses liegen, haben Namen erhalten. La Roche Tremblante (der zitternde Stein) mit einem Gewicht von etwa 100 Tonnen kann auf seiner Unterlage erzittern, wenn man ihn an der richtigen Stelle anstößt. Etwas weiter liegt ein Ensemble, das einem Kessel und einem riesigen Bett verblüffend ähnlich sieht und Ménage de Vierge (Haushalt der Jungfrau) genannt wird – vielleicht als Ausgleich für die Grotte du Diable (Grotte des Teufels), die den Eingang zur Hölle kennzeichnet. Ein Wasserloch unter Steinen mit dickem Moosbewuchs trägt den Namen Mare aux Sangliers (Meer der Wildschweine). Zwischen diesen Fantasiegebilden befindet sich auch das Lager von ***Artus***, eine doppelte Wallanlage, deren äußerer, ehemals zehn Meter hoher Wall eine Fläche von etwa dreihundert mal hundert Metern umfasste. Diese Überreste eines gallischen Lagers mit einer Grotte an ihrem Fuß sollen angeblich dem König und seinen Rittern als Schutz gedient haben. In der Nacht bewachten flackernde Feuer die Schätze, die ***Artus*** hier zusammen-

Der Wald von Huelgoat

Überall am Fluss Argent, der sich durch Heidekraut und Eichen schlängelt, sieht man gewaltige, von Moos bewachsene Felsbrocken liegen. Die spektakulärsten unter ihnen tragen Namen: Roche tremblante, Ménage de la Vierge, Grotte du Diable, Camp et Grotte d'Artus. Wie der Wald von Paimpont liegt auch dieser an den Hängen der Hügel von Arrée und ist angefüllt mit Legenden und Erinnerungen an die Ritter der Tafelrunde.

getragen hatte. In einer anderen Legende wird das Bett des Argent zur Heimat von ***Ahès***. In ihrem Schloss hoch über dem Fluss empfing sie ihre Liebhaber. Nachdem sie ihre Gunst genossen hatte, ließ sie sie in das brodelnde Wasser werfen. Manchmal holte ihr Diener, der Mann in Schwarz, die Toten sogar aus die Stadt Ys, in der er sich üblicherweise aufhielt, um die Opfer der erbarmungslosen ***Ahès*** hier ins Wasser zu stürzen.

Die umfriedeten Pfarrbezirke

»Für uns ist der Tod eine finstere Feier zum Anlass der Abreise einer Person in eine andere Welt, die auf gleicher Ebene wie die unsere liegt. Und diese Feier findet ihren natürlichen Rahmen in einem umfriedeten Pfarrbezirk«, schreibt ***Pierre Jazek-Hélias*** in *Le Cheval d'orgueil*. Zwischen dem Elorn und der Aulne zählt man beinahe siebzig dieser gewaltigen Denkmäler, die so typisch für diese Region sind. Die berühmtesten sind die von Saint-Thégonnec, Guimiliau, Pleyben und Daoulas, die schlichtesten findet man in Locmelar, La Martyre, Plougonven oder Saint-Ségal. Sie legen Zeugnis vom Glauben und vom Reichtum einer Gemeinde ab und waren in Bezug auf die Fülle und Kunstfertigkeit der Dekorationen, deretwegen sie heute als Juwelen der Barockkunst gelten, stets Gegenstand von Rivalitäten zwischen den Gemeinden. Im Lauf der Jahre erklärte die »fabrique«, der Rat, der die Güter der Gemeinde verwaltete, es zur Ehrensache, den umfriedeten Bezirk zu vergrößern und zu verschönern, um sich von den anderen Gemeinden abzuheben. Großzügige Spenden wohl-

habender Gemeindemitglieder sorgten für die nötigen finanziellen Mittel. Die Blütezeit der umfriedeten Pfarrbezirke dauerte vom 15. bis zum frühen 17. Jahrhundert, als das Léon und das Trégor durch die Ausfuhr von Tuch aus Leinen und Hanf zur Herstellung von Kleidung und vor allem Segeln reich geworden waren. Zum Wohlstand durch den Handel kam ein zweiter Aspekt hinzu. Die Seeleute und die bretonischen Händler hatten Kontakt zu anderen europäischen Ländern, insbesondere Spanien, Holland und England, und brachten ihre Eindrücke von der dortigen Kunst mit in ihre Heimat.

Bald wussten auch die Künstler, diese Einflüsse zu nutzen, und so eröffneten Bildhauer, Glaser und Goldschmiede ihre Werkstätten in Morlaix, Le Folgoët oder Carhaix. In der Holzbearbeitung, die in der Ornamentik eine bedeutende Rolle spielte, taten sich die Schnitzer aus Trégor, Landerneau und Landivisau besonders hervor. Man zog auch die Gallionsfiguren-Schnitzer aus den Häfen der Umgebung heran, ebenso Künstler von der anderen Seite des Kanals, etwa den berühmten Orgelbauer ***Dallam***.

Der Aufbau der Pfarrbezirke folgte strengen Regeln. Rings um die Kirche lag zunächst der Friedhof, den man durchqueren musste, um das Portal zu erreichen, außerdem ein Beinhaus und ein Calvaire. Den Rahmen des Ensembles bildete ein Wall oder eine Mauer mit einer aufwändig verzierten Pforte, der *porz ar maro* (Tor des Todes), die ausschließlich von Leichenzügen benutzt wurde. Die Gläubigen betraten den Bezirk normalerweise durch die Seiteneingänge und mussten dort häufig über ein Mäuerchen steigen, das vermutlich die Mühe symbolisiert, derer es bedarf, um in das Reich Gottes zu gelangen. Übrigens waren die Mäuerchen für die Männer etwas höher als die für die Frauen. Hier wurden die Lebenden an die Vergänglichkeit ihrer Existenz erinnert, besonders durch die Beinhäuser, die häufig mit Darstellungen des *Ankou* (breton. der Tod) verziert und mit finsteren Inschriften versehen wurden. In La Roche-Maurice kann man lesen: »Rappelle-toi, homme, que tu n'es que poussière« (Vergiss nicht, Mensch, dass du nur Staub bist), und in Brasparts »Je vous tue tous« (Ich töte euch alle).

Der Calvaire besteht meist aus einem Gestein, das sich leichter bearbeiten lässt als Granit. Er ist der Ursprung des jedermann bekannten, einzeln stehenden Kreuzes auf dem Friedhof. Er ist aber auch eine Erzählung der biblischen Geschichte und war während der Gegenreformation ein mächtiges Instrument der Glaubensfestigung. Die schlichten Calvaires zeigen Jesus im Kreis der Schlächter, auf anderen sieht man am Fuß des Kreuzes Maria und Johannes den Täufer. Die aufwändigsten Calvaires zeigen wichtige Szenen des Evangeliums und der Passionsgeschichte. An ihnen konnte der »recteur« (Glaubenslehrer) mit Hilfe eines Zeigestocks seine Erklärungen verdeutlichen.

Zu den bemerkenswertesten Calvaires zählen die von Saint-Thégonnec und Guimiliau. Der Ursprung beider liegt – mit dem monumentalen Entree in Saint-Thégonnec einerseits und dem außergewöhnlichen Calvaire mit mehr als 150 Figuren in Guimiliau andererseits – zweifelsfrei im Jahr 1581.

Der Calvaire von Plougastel

Der umfriedete Pfarrbezirk von Plougastel hat in seiner Gesamtheit die Zeiten nicht überdauert, doch ist hier einer der schönsten Calvaires – neben dem von Guimiliau – erhalten geblieben. Nur wenige Calvaires enthalten so viele Figuren. 180 Themen rings um die Kreuzigung Christi werden hier dargestellt. Die steinernen Figuren mit ernstem Ausdruck erinnern an Episoden aus der Passionsgeschichte und der Auferstehung. Wie viele andere Calvaires wurde auch dieser nach der Pestepidemie im Jahre 1598 errichtet.

Saint-Thégonnec zog mit dem Beinhaus nach, einem der schönsten seiner Art, sowie einem Kuppelturm, während man in Guimiliau ein Portal baute. In der Folge errichtete Saint-Thégonnec einen prächtigen Calvaire und erweiterte im Jahre 1677 seine Kirche durch ein Taufbecken mit einem Baldachin sowie eine Kanzel und eine Orgelempore mit aufwändiger Verzierung. 1683 ließ man wiederum in Guimiliau eine Kanzel mit kunstvollen Ornamenten anfertigen. Im 19. Jahrhundert beschrieb ***David d'Angers*** den Calvaire von Saint-Thégonnec mit diesen Worten: »Alle Skulpturen scheinen von Menschen gemacht, denen die Widrigkeiten des Lebens und das Tosen der Stürme bekannt waren.« Die Bildhauer stellten die biblischen Gestalten in Gewändern ihrer eigenen Epoche dar. So trägt einer der Scharfrichter Christi einen gefältelten Kragen sowie einen Bart in einem verzerrten Gesicht, das verblüffend an ***Henri IV.*** erinnert. Der König war trotz seiner Konvertierung bei den strenggläubigen Katholiken wenig beliebt.

Der Pfarrbezirk von Le Martyre, das im Mittelalter ein wichtiger Marktflecken war, ist der älteste des Léon. Hierher kamen die Tuchmacher aus allen Nachbarländern, aus den Häfen der Hanse ebenso wie von denen des Mittelmeers. Durch ein Portal betritt man den Pfarrbezirk, den ein ehemals farbig gestalteter Calvaire überragt. Die Szenen der Geburt Christi am Giebelfeld der Kirche lassen ebenfalls erkennen, dass sie einmal farbig gefasst waren, und eines der Fenster aus dem 16. Jahrhundert diente hundert Jahre lang als Vorbild für die Gestaltung der Kirchenfenster im ganzen Finistère. Am Knochenhau findet man eine sonderbare Inschrift, die auf eine »kalte Hölle« verweist und so im Gegensatz steht zu der üblichen Vorstellung, dass die Verdammten von Flammen verschlungen werden.

In Commana zeigt eine Kirche beeindruckende Altarblätter. Das größte und kunstvollste ist der ***Heiligen Anna*** und der ***Heiligen Familie*** gewidmet. Mit seinen gedrehten Säulen sowie den zahlreichen geschnitzten Girlanden, Arabesken und Engeln, vorwiegend in Rot und Gold gefasst, ist dies einer der bemerkenswertesten Barockaltäre der Region.

Man könnte ein ganzes Buch füllen, wollte man die prächtigen Pfarrbezirke von Pleyben, Sizun, Bodilis und anderen Orten eingehend beschreiben. Alle zeigen Emporen, prächtiges Trägerwerk und verzierte Taufbecken, von denen jedes einzelne Element durch die fantasievolle Gestaltung einmalig ist. Daneben bietet natürlich jeder Pfarrbezirk auch die Möglichkeit, in Statuen und Fenstern etwas über das Leben des Heiligen zu erfahren, dem er geweiht ist.

Die Bittwallfahrten

Neben diesen Schätzen religiöser Kunst beherbergt das Finistère drei der berühmtesten Wallfahrtsorte der Bretagne – Folgoët, Rumengol und Locronan.

Le Folgoët (Wald des Narren) in der Nähe von Lesneven ist schon seit dem 14. Jahrhundert ein Ort des Gebets. Damals führte im hiesigen Wald der als schwachsinnig bekannte ***Salaün*** ein armseliges Leben, das er ganz der Jungfrau geweiht hatte.

Salaün wiederholte unablässig, selbst während der Messe, die er niemals versäumte, die einzigen Worte, die er jemals zu sprechen gelernt hatte: »Ave Maria«. Als er starb, ließ die ***Jungfrau Maria*** mitten im Winter auf dem Grab des Unschuldigen eine Lilie wachsen, auf deren Blüte man diese Worte in goldenen Buchstaben lesen konnte.

Damals erhob man die Stätten von Wundern zu Pilgerorten, und so errichtete man im 15. Jahrhundert eine Basilika, in der alljährlich am Geburtstag der Jungfrau eine große Wallfahrt stattfand. Die Kirche zählt zu den schönsten gotischen Bauwerken der Bretagne. Sie enthält eine Empore, die aus Kersanton gearbeitet ist, einem Gestein, das normalerweise den Calvaires vorbehalten war. Am Giebelfeld findet man eine Szene der Anbetung der Weisen aus dem Morgenland mit einer ungewöhnlichen Darstellung der ***Jungfrau***: liegend, nackt und nur halb mit einem Tuch bedeckt. Auch am Kopfende der Kirche, am Brunnen des ***Salaün***, befindet sich eine Statue der ***Maria***. Früher kamen die jungen Mädchen hierher und warfen Nadeln ins Wasser, um herauszufinden, ob eine baldige Heirat bevorstand.

Zwischen der kleinen Stadt Faou, deren Kirche sich über das Ufer eines Flusses erhebt, und den Ausläufern des Waldes von Cranou mit seinen Eichen und Heideflächen, liegt Rumengol, ebenfalls eine uralte Kultstätte. Die hiesigen Bittwallfahrten sind der Notre-Dame-de-Tout-Remède geweiht, die die Gläubigen vor allen körperlichen und seelischen Krankheiten schützen soll.

Der Ursprung dieser Wallfahrt knüpft an die Sage von König ***Gradlon*** von Cornouaille an, der angeblich hier die erste Kapelle errichten ließ. Die heutige Kirche wurde mehrfach umgebaut, vom ursprünglichen Bau ist jedoch die Renaissance-Fassade aus Granit erhalten. Jedes Jahr finden in dem Dorf zwei Wallfahrten statt, an Trinitatis und am Himmelfahrtstag. Unweit der Kirche können die Gläubigen Wasser aus einer Quelle mit wunderbaren Kräften schöpfen.

Eine »Troménie« in Locronan

Seit dem Mittelalter findet in Locronan alljährlich eine Wallfahrt zu Ehren des Schutzpatrons des Ortes statt. Die Prozession durch die »Trô-Minihy« (alle Bereiche des Klosters) folgte dem Weg, den der Heilige Ronan selbst wählte, um sich zu sammeln. Die üblichen Wallfahrten werden als »Petites Troménies« bezeichnet. Alle sechs Jahre findet eine »Grande Troménie« statt, während derer eine Prozession mit Fahnen und Statuen einen wesentlich längeren Weg über die Hügel der Umgebung zieht.

Die Legende erzählt, dass der ***Heilige Ronan***, der etwa im 10. Jahrhundert aus Irland hierher gekommen war, die Einwohner im Anbau von Hanf und Flachs unterwiesen habe, auf dem sich ihr späterer Wohlstand gründete. Die Weber der Stadt versorgten die Marine und die Indische Kompanie mit Segeltuch. Sie haben rings um den Platz zu Füßen der Kirche des Heiligen und der alten Kapelle prächtige Häuser aus dem 16. und 17. Jahrhundert hinterlassen. Der Hügel, der die Stadt überragt und »montagne« (Gebirge) genannt wird, ist seit dem Mittelalter alljährlich Schauplatz einer der bekanntesten Wallfahrten der Bretagne.

Hier folgen die Gläubigen dem Weg, den ***Saint Ronan*** selbst gern gewählt hat, um sich zu sammeln, indem er meditierend mit Blick auf das Meer und die Natur spazieren ging, denn vom Gipfel des Berges hat man gleichzeitig einen Blick auf die Bucht von Douarnenez und die Berge von Arrée. Die Prozessionen von Locronan haben einen speziellen Namen: Les Troménies. Das Kloster, das hier von Benediktinermönchen im 11. Jahrhundert gegründet worden war, hatte Einfluss auf die vier Gemeinden Locronan, Quéménéven, Plogonnec und Plounévez-Porzay. Aus diesem Grund werden während der Prozession der »Trô-Minihy«, die entlang der Grenzen des ehemaligen Klostergeländes zieht, Statuen der Schutzheiligen aller vier Orte getragen. Die »Petites Troménies« finden alljährlich im Juli statt und umfassen eine Strecke von sechs Kilometern. Alle sechs Jahre werden die »Grandes Troménies« veranstaltet, während derer die Gläubigen in einer Prozession mit Fahnen, Kreuzen und Statuen eine Strecke von zwölf Kilometern zurücklegen.

Locronan

In der kleinen Stadt Locronan, die sich während der Renaissance durch die Verarbeitung von Hanf und Flachs entwickelte, gingen die Weber noch bis zum Ende des 19. Jahrhunderts ihrem Handwerk nach. Während ihrer Blütezeit lieferten sie Segeltuch an die Indische Kompanie, aber auch nach Spanien, England und Holland. »Der Wohlstand der Bürger von Locronan war ebenso sprichwörtlich wie der Reichtum der Reeder von Penmarc'h«, schreibt Anatole le Braz. Heute ist Locronan ein hübscher Ort mit malerischen, alten Häusern, die sich rings um den zentralen Platz und die angrenzenden Gassen reihen. Yves Tangui, einer der berühmtesten surrealistischen Maler, verbrachte einen Teil seiner Kindheit in Locronan, wo er später andere berühmte Künstler wie Max Jacob und Jacques Prévert empfing.

Die Berge

Die gerundeten (menez) ebenso wie die gezackten Berge (roc'h) der Bretagne, die im Lauf von Jahrmillionen durch die Erosion geschliffen und geformt wurden, bildeten in der Frühzeit ein Bergmassiv von mehr als 4000 Metern Höhe. Heute ragt der höchste Punkt, der Tuchenn-ar-Gador (Berg aller Heiligen) mit seinen 384 Metern über den Bergen von Arrée zwischen dem Léon und dem Becken von Châteaulin auf. Hier erzählen die kargen Hänge, durch die vielerorts zwischen Heidekraut und Ginster der nackte Fels aufragt, noch immer von uralten Legenden.

Eingeschlossen im Roc'h Trévezel war die Statue eines alten Heiligen, der, wenn man ihm über den Kopf strich, alle Wünsche erfüllte. Doch war ein Besuch bei ihm ein gefährliches Unterfangen, denn der Fels öffnete sich nur alle elfhundert Jahre für einen kurzen Augenblick. In den Mooren von Yeun Ellez siedelte man damals eines der Höllentore an, bevölkert von Irrlichtern und vor allem furchterregenden Geistern, den »lavandières de la nuit« (Wäscherinnen der Nacht). Auch der Teufel höchstpersönlich streifte hier auf der Suche nach

Beute umher – in Gestalt eines schwarzen Hundes. Weiter südlich bilden die etwas niedrigeren Montagnes Noires ein ausgezacktes Relief.

Früher gab es hier eine Reihe von Schieferbrüchen, von denen die meisten heute jedoch verwaist sind. Vom 19. Jahrhundert an zogen viele Einwohner wegen des rauen Charakters der Gegend von hier fort. Heute sind Orte wie Gourin oder Spézet, das man das bretonische Las Vegas nennt, zu lebhaften Zentren folkloristischer Feste geworden.

Das Morbihan

Das Land von König Morvan

Théodore de La Villemarqué hat Loblieder auf den bretonischen König ***Morvan*** gesungen, von dem es heißt, er habe im 11. Jahrhundert zwischen dem Aër und dem Blavet die fränkischen Truppen angegriffen. Als ein Bote des Königs ihm die Aufforderung überbrachte, sich der Autorität des Königs zu unterwerfen, habe ***Morvan*** geantwortet: »Ich bestelle seinen Boden nicht, und ich will auch seine Gesetze nicht. Wenn er über die Franken herrscht, so herrscht ***Morvan*** über die Bretonen. Ich habe mein Recht, ebenso wie er das seine.« Wenig später fiel der König heldenhaft in einer Schlacht.

Prächtige Kirchen und Kapellen, fast immer gepaart mit einer Quelle, der man Wunderkräfte zuspricht, zeigen sich hier als Schätze der Baukunst und der religiösen Ornamentik. Man spricht sogar von einem »goldenen Rechteck« zwischen Le Faouët, Kernascléden, Langonnet und Ploërdut.

In der Nähe von Le Faouët liegt an der Seite eines einzelnen Hügels die Kapelle Sainte-Barbe, vor flüchtigen Blicken gut versteckt. Man muss eine gewaltige Steintreppe hinabsteigen, um zu dem schmalen Felsplateau zu gelangen, auf dem sie sich erhebt und eine Schlucht überragt, an deren Grund die Ellé fließt. Am oberen Ende der Treppe befindet sich ein Pavillon mit einer schweren Glocke. Pilger läuten sie, um Schutz vor Gewittern zu erbitten. Hinter der Kapelle aus dem 15. und 16. Jahrhundert führt ein Fußweg unter hohen Bäumen hinab zu einem Brunnen, über dem eine Statue der Heiligen wacht. ***Sainte Barbe*** war die Schutzpatronin des Feuers, des plötzlichen Todes und des Pulvers.

Saint-Fiacre ist insgesamt ein weniger spektakulärer Ort, doch die dortige Kapelle enthält eine gotische Empore aus dem 15. Jahrhundert – die älteste der Bretagne. Die Verzierungen aus beschnitztem Holz mit Darstellungen von christlichen Motiven, grotesken Gestalten und Fabeltieren wurden mehrfach farbig bemalt. Die Farben unterstreichen den naiven Charakter des Ensembles mit seinen zahllosen Details, das vor dem weißen Stein des Gebäudes leuchtet. Durch schöne Buntglasfenster aus dem 16. Jahrhundert fällt das Licht in die Kapelle des ***Saint Fiacre.*** Sie ist einem Einsiedler aus dem 7. Jahrhundert geweiht, der später Schutzpatron der Ackerbauern wurde. Nördlich des Waldes von Pont-Calleck erhebt sich die Kirche von Kernascléden völlig einsam »wie eine Rose aus einem Kornfeld«. Wie viele Gebäude in dieser Gegend entstand sie durch Mitwirkung der Familie ***Rohan***. Die Kirche von Kernascléden entstand wenige Jahre nach der Kapelle von Saint-Fiacre. Beide wurden zweifelsfrei vom gleichen Baumeister geschaffen und besitzen mit Erkern und Balustraden verzierte Glockentürme – Grund genug für die Entstehung einer Legende, die die beiden Bauten verknüpft. Es heißt, die Engel hätten täglich die Arbeiter und die Baumaterialien von einem Ort zum anderen getragen. Hinter den kunstvoll verzierten Fassaden der

Die Kapelle Sainte-Barbe

Im Morbihan findet man eine Fülle von Kapellen mit besonders beeindruckenden Beispielen der bretonischen, religiösen Kunst. Unweit von Le Faouët liegt die Kapelle Sainte-Barbe, deren außergewöhnlicher Standort die Schönheit ihrer Architektur noch unterstreicht. Die Kirche wurde fernab jeglicher Siedlung unterhalb einer Straße errichtet. Man erreicht sie über eine gewaltige Treppe aus 78 Stufen. Die Kapelle überragt eine tiefe Schlucht, deren bewaldete Hänge den Blick auf den Grund versperren. Nur das Rauschen verrät, dass dort ein Fluss fließt. Eine kleine Betkapelle, die dem Heiligen Michael geweiht ist, überragt die Anlage. Wie die ganz in der Nähe gelegenen Kapellen von Saint-Fiacre und Kernascléden zählt auch Sainte-Barbe zu den bedeutendsten Beispielen bretonischer Gotik.

Kirche von Kernascléden verstecken sich Fresken aus dem 15. Jahrhundert, die im Lauf der Zeit verblichen sind. Neben Szenen aus dem Leben der Jungfrau ***Maria*** und ***Christi*** sowie friedlich musizierenden Engeln findet man hier einen Totentanz, der Lebende und Tote aller Stände und Klassen vereint. An anderer Stelle sind die Greuel der Hölle in kraftvollen Details dargestellt: Ungeheuer zerfleischen die Verdammten, ein gehörnter Dämon lässt sie neben brodelnden Kesseln und Forken in einem Fass herumwirbeln. Die Fülle der symbolischen Darstellungen, die die Gläubigen an ihre Pflichten erinnern sollten, ist ein wunderbares Beispiel für den Glauben und den didaktischen Charakter der Kunst zu dieser Zeit.

Etwas weiter nördlich ist in der von Zisterziensern gegründeten Abei von Langonnet ein prächtiger Kapitelsaal aus dem 13. Jahrhundert erhalten, in dem sich heute ein Kolonialmuseum befindet. Ganz in der Nähe präsentiert die Kirche von Ploërdut, die zwischen dem 13. und 19. Jahrhundert mehrfach umgebaut wurde, ein romanisches Schiff mit ungewöhnlichen, kantigen Kapitellen.

Das Tal des Blavet

Pontivy, die größte Stadt der Region, erstreckt sich am Ufer des Blavet. Sie geht zurück auf ein Kloster, das im 7. Jahrhundert von ***Saint Ivy*** gegründet wurde, um Kinder von schwacher Gesundheit aufzunehmen. Der gewaltige Platz in der Mitte des Ortes trennt das älteste Viertel der Stadt im Norden und den napoleonischen Stadtteil im Süden. Im äußersten Norden der Stadt ließ ***Jean II. von Rohan*** am Ende des 15. Jahrhunderts das heutige Schloss errichten. Ursprünglich waren die hohen Mauern des Schlosses, das Stadt und Tal überragt, von zwei hohen Türmen gekrönt. Die Familie ***Rohan*** profitierte vom Aufstieg Pontivys und machte den Ort zur Hauptstadt ihrer Grafschaft. Die Rue du Fil im Herzen des alten Viertels zeugt noch heute vom Wohlstand, den die Stadt im 18. Jahrhundert durch den Tuchhandel erwarb. Die Kirche Notre-Dame-de-la-Joie,

ebenfalls der Familie ***Rohan*** zu verdanken, erhebt ihre prächtige Fassade über die Stadt. Als im 17. Jahrhundert eine Choleraepidemie in der Region wütete, schwor der Rektor, Maria eine silberne Lampe zu stiften, wenn die Epidemie endete. Er wurde erhört und hielt sein Versprechen. Alljährlich im September erinnert eine Wallfahrt an dieses Wunder.

Bei Ausbruch der Revolution schlug sich Pontivy auf die Seite der Republikaner. Weil die Stadt von Landstrichen mit eher royalistischer Bevölkerung umgeben war, wurde sie zu einer der Hochburgen im Kampf gegen die Chouannerie. Bald darauf beschloss Napoleon, die Stadt zum strategischen Zentrum zu machen. Seine Kriege sicherten die Küsten, er ließ den Blavet begradigen und einen Kanal von Nantes nach Brest bauen. Pontivy, das 1805 in Napoléonville umbenannt wurde, erhielt ein völlig neues Stadtviertel mit einer Kaserne, einer Höheren Schule und einem Gerichtsgebäude inmitten von breiten, rechtwinklig angeordneten Straßen. Nach dem Sturz des Ersten Kaiserreiches erhielt die Stadt ihren ursprünglichen Namen zurück, wurde aber zwischen 1848 und 1871 wiederum nach dem Kaiser benannt. Etwas später lehrte am Gymnasium von Pontivy ein damals noch unbekannter Lehrer, der später seine *Propos* unter dem Namen ***Alain*** veröffentlichte.

Zwischen Pontivy und Hennebont findet man auf den hügeligen Ufern des Blavet zahlreiche kleine Burgen, Kapellen und reizvolle Aussichtspunkte. Etwas weiter nördlich liegt der See von Guerlédan, der in den 1920-er Jahren hinter einem Staudamm entstand. Östlich von Pontivy liegt die Kapelle Sainte-Noyale mit einem Glockenturm, der im 15. Jahrhundert im Flamboyant-Stil erbaut wurde. Die Kirche mit den schönen bemalten Decken erinnert an die Legende eines jungen Mädchens, das geköpft wurde, weil es einen Bewerber zurückwies. Die Kirche von Noyal-Pontivy wird von einem vieleckigen Turm überragt, und gleich nebenan steht ein schönes Herrenhaus, das früher der Familie ***Rohan*** gehörte und heute als Bürgermeisterei dient.

Am anderen Ufer des Blavet liegt Stival. Hier gibt es ebenfalls einen Brunnen, der, wie die Kirche, ***Saint Mériadec*** geweiht ist. Der spätere Bischof von Vannes lebte hier im 7. Jahrhundert als Einsiedler. Die Fenster wurden im 16. Jahrhundert von ***Jehan le Flamant*** gearbeitet, und sie gehören neben den Wandmalereien zu den Schätzen dieser Kirche. Weiterhin befindet sich hier eine Kupferglocke sowie ein Schädelfragment des Schutzheiligen, das zur alljährlichen Wallfahrt am 7. Juli ausgestellt wird.

Weiter südlich liegt die Kapelle von Quelven, an der am 15. August eine der meistbesuchten Wallfahrten der Region stattfindet. Der Glockenturm von Notre-Dame-de-Quelven mit seiner kunstvoll verzierten Fassade im Flamboyant-Stil reckt sich 70 Meter in die Höhe. Er entstand gegen Ende des 15. Jahrhunderts. Unter den zahlreichen Figuren findet man einige der wenigen Statuen unter freiem Himmel, an denen die Zeit wenig Schaden angerichtet hat: eine Jungfrau, die dem Kind zwölf Szenen aus dem Evangelium zeigt.

Die Empore von Saint-Fiacre

Rings um Le Faouët gibt es mehrere Kapellen, die wegen ihrer Architektur oder ihrer Innendekorationen bemerkenswert sind. Aus einfachen Materialien, zumeist Holz, haben die Künstler der Vergangenheit Schätze religiöser Kunst geschaffen: Altarblätter, Statuen und Trägerwerk. In Saint-Fiacre befindet sich ein Meisterwerk dieser Zeit, eine Galerie mit zahlreichen Figuren, die im 15. Jahrhundert entstand.

Am Fuß eines Abhangs lag ein Brunnen. An seinem Rand beteten Frauen, die sich ein Kind wünschten, und Bauern, die sich um ihre Ernte Sorgen machten.

Etwas weiter entfernt liegt hinter Saint-Nicholas-des-Eaux, wo es ebenfalls eine Kapelle mit einem Wunderbrunnen gibt, ein beeindruckender Glockenturm, der

vom Turm der Kapelle Saint-Nicomède überragt wird. Im Inneren verläuft am unteren Rand des Gewölbes ein schöner Fries aus Engeln und Musikanten.

Zwischen Oust und Vilaine

Josselin, eine kleine Stadt mit steilen Gassen, liegt rings um die Basilika Notre-Dame-de-Roncier. Am 8. September, dem Geburtstag der ***Jungfrau Maria***, findet hier eine Wallfahrt statt. Diese »Wallfahrt der Bellerinnen« erinnert an eine Marienerscheinung. In Gestalt einer Bettlerin bat die Jungfrau Frauen, die gerade ihre Wäsche wuschen, um etwas zu trinken. Von den Frauen zurückgewiesen, verdammte sie diese, so dass sie und deren Nachkommen sich nur noch durch Gebell artikulieren konnten. Eine andere Geschichte erzählt von einem Bauern, der eine Marienstatue in einem Gebüsch fand. Er trug seinen Fund davon, doch auf wundersame Weise kehrte die Jungfrau wieder an den Ort zurück, an dem sie aufgetaucht war. So erklärt sich der Name der Kirche, die im 11. Jahrhundert errichtet und bis zum 16. Jahrhundert mehrfach umgebaut wurde. Heute befindet sich dort das Mausoleum von ***Olivier de Clisson*** und ***Marguérite de Rohan.***

Direkt am Ufer des Oust erheben sich die mächtigen Mauern des Schlosses. Schaut man von einem der hohen Türme, deren Basis aus den Felsen gehauen wurde, in die Festung, so erkennt man im Innenhof Fassaden im Stil der Renaissance und der Spätgotik von großer Pracht und Eleganz. Diese Wohngebäude mit ihren Erkern und schön verzierten Balustraden, den Säulen und dekorativen Zinnen gehören zu den zahlreichen Hinterlassenschaften der Familie ***Rohan***, der das Schloss vom 15. Jahrhundert an gehörte. Ursprünglich wurde das Schloss vom ***Vicomte de Porhoët*** erbaut. Im folgenden Jahrhundert wurde es von den Truppen ***Henri II. Plantagenêts*** zerstört, doch bald von ***Edues II. de Porhoët*** wieder aufgebaut. Besondere Bedeutung kam dem Schloss von Josselin jedoch während des Erbfolgekrieges zu.

Die Partisanen von ***Montfort*** hielten unter der Führung eines Engländers die Festung Ploërmel, während der Marschall ***Jean de Beaumanoir*** als Führer Josselins das Lager von ***Charles de Blois*** unterstützte. Nach zahlreichen Auseinandersetzungen, die häufig verheerende Brände nach sich zogen, beschlossen die beiden Heerführer, zur entscheidenden Schlacht je dreißig Ritter zu Fuß antreten zu lassen, jeweils nur bewaffnet mit Langdolch und Schwert. 1351 fand auf halber Strecke zwischen den beiden rivalisierenden Städten dieser »Combat des Trente« (Schlacht der Dreißig) statt, an die noch heute ein Denkmal erinnert. ***Olivier de Clisson***, der Waffengefährte und spätere Nachfolger ***Du Guesclins***, heiratete einige Jahre später die Witwe von ***Beaumanoir***.

Der Brunnen von Quelven

In der Bretagne gibt es eine Vielzahl von Brunnen und Quellen mit Wunderkräften, was vielleicht auf das kulturelle Erbe der Kelten zurückzuführen ist, in deren Kult das Wasser eine besondere Bedeutung hatte. Man zählt mehr als tausend solcher Brunnen, und in vielen Fällen befindet sich in der Nähe auch eine Kapelle. Manche von ihnen, wie diese in Quelven, sind in wenigen Metern Entfernung direkt in die Anlage der Kapelle oder Kirche integriert. Jeder Brunnen steht unter dem Schutz eines Heiligen, der ihm besondere Eigenschaften verleiht. Meist schöpften die Gläubigen von dem Wasser, um Heilung von Krankheiten oder Schutz vor einem bestimmten Unglück zu suchen. Viele Brunnen waren Anliegen der Mutterschaft gewidmet, etwa der Heilung von Unfruchtbarkeit oder dem Wunsch nach gesunden Kindern. Andere konnten ihre Heilwirkung nur entfalten, wenn sie die betroffenen Körperteile berührten, etwa Haut oder Augen. Manche Brunnen galten auch als Orte der Prophezeiung. Die Reaktion des Wassers durch ein hineingeworfenes Kleidungsstück, eine Nadel und selbst ein Kind, sollte Aufschluss über eine günstige oder ungünstige Zukunft geben.

Um 1370 kaufte er das Schloss, ließ es gründlich restaurieren und buchstäblich in eine Festung verwandeln. Mit seinem Tod im Jahre 1407 fiel das Schloss durch seine Tochter wieder an die Familie ***Rohan***. Josselin erlebte im Lauf seiner Geschichte noch weitere stürmische Zeiten. Im Jahre 1488 konfiszierte ***François II.***, der Herzog der Bretagne, das Schloss und ordnete seine Zerstörung an, weil sich die Familie ***Rohan*** auf die Seite des französischen Königs geschlagen hatte. Erst nachdem seine Tochter ***Anne*** den französischen Thron bestiegen hatte, erhielten die ***Rohan*** ihre Besitztümer zurück. Im 17. Jahrhundert schließlich ließ ***Richelieu*** den Wachturm und verschiedene andere Türme des Schlosses schleifen, das nun dem Hugenottenführer ***Henri de Rohan*** gehörte. Das Schloss, das im 19. Jahrhundert weitgehend restauriert wurde, zählt heute zu den schönsten Beispielen der Architektur der Epoche ***Ludwigs XII. Gilles de Rais***, der sich, nachdem er der Gefährte von ***Johanna von Orléans*** gewesen war, einen finsteren Ruf erwarb, soll hier mit ***Herzog Jean V.*** wegen seiner angeblichen Beteiligung an Verbrechen und schwarzer Magie einige Auseinandersetzungen geführt haben.

Jenseits der Heide von Lanvaux liegt das mittelalterliche Dorf Rochefort-en-Terre. Durch seine Lage auf einem Felsvorsprung hat es viele Maler inspiriert. In seinen alten Gassen mit den verzierten Fenstern sind viele Häuser aus der Renaissance und dem 17. Jahrhundert erhalten geblieben, manche davon mit dekorativen Säulen oder Türmchen.

Das hiesige Feudalschloss wurde unter der Revolution fast völlig zerstört, nachdem es schon in den Glaubenskriegen gelitten hatte. Auf den Überresten haben andere Bauten späterer Epochen ihre Spuren hinterlassen. Die Kirche Notre-Dame-de-la-Tronchaye hat weniger Schaden genommen. Sie wurde an einer Stelle gebaut, wo eine Schäferin im 7. Jahrhundert eine Marienstatue entdeckt haben soll, die zum Schutz vor den eindringenden Normannen in einem hohlen Baum versteckt war. Diese Entdeckung hat zur Entstehung einer Wallfahrt geführt, obwohl die Statue, die noch heute in der Kirche zu besichtigen ist, jünger zu sein scheint als die Legende angibt. Im 16. Jahrhundert gab ***Jean de Rieux*** den Auftrag, an dieser Stelle eine Klosterschule zu errichten. Ein Jahrhundert später wurde das südliche Schiff errichtet. Rochefort gehört, ebenso wie das weiter südlich gelegene La Roche-Bernard, zu diesen kleinen, charaktervollen Städten, durch deren Gassen man Stunden lang ziellos schlendern mag. An der Stelle des heutigen Schlosses, erbaut am Hang eines Hügels oberhalb der Vilaine-Mündung, soll schon ein Wikinger namens ***Bernhardt*** ein Schloss errichtet haben. Seitdem war La Roche-Bernard eine wichtige Station auf der Salzstraße und später, vom 17. Jahrhundert an, ein bedeutendes Zentrum des Schiffbaus. Der Handel mit Holz, Weizen, Gewürzen und Zinn hat zum Wohlstand des Hafens beigetragen, in dem man jedoch heute fast ausschließlich Sportboote sieht.

Das Schloss von Josselin

Von Josselin aus marschierten die Truppen des Marschall Beaumanoir ab, um sich 1351 mit den Engländern in der berühmten Schlacht der Dreißig zu schlagen. Die massiven Mauern, die über dem Oust aufragen, lassen kaum ahnen, welche Schönheiten sich im Inneren des Schlosses verbergen: prächtige spätgotische Fassaden mit Erkern, Giebeln und Balustraden. Das Schloss ist seit dem 15. Jahrhundert im Besitz der Familie Rohan, deren Motto ausgezeichnet zu den wuchtigen, beeindruckenden Türmen des Schlosses passt: »König darf ich nicht sein, Prinz zu sein, genügt mir nicht – ich bin ein Rohan.«

Heute überspannt 50 Meter über dem Wasserspiegel eine Hängebrücke die Vilaine. Im 16. Jahrhundert verwandelte die Stadt, deren Einwohner größtenteils Protestanten waren, die Kapelle in einen Tempel. Drei Jahrhunderte später wurde Notre-Dame umgebaut und wieder in den Dienst des katholischen Glaubens gestellt. Überall an den Straßen der Altstadt zeugen noch immer alte Häuser mit schönen Erkern von dem ehemaligen Wohlstand der Stadt. Während der Revolution machte der Bürgermeister der kleinen republikanischen Stadt durch seinen Mut von sich reden. Auch im Angesicht einer Armee von Royalisten, die in die Stadt eingedrungen waren, weigerte er sich, seine Überzeugung zu verraten und wurde hingerichtet. Ihm zu Ehren trug die Stadt einige Jahre lang seinen Namen: Roche-Sauveur.

La Loire Atlantique

Die Grande Brière

Von Saint-Nazaire bis Missillac haben die Kräfte von Ebbe und Flut im Lauf der Jahrhunderte ein Labyrinth aus Wasser und eine gewaltige Fläche voll kleiner Inseln entstehen lassen, in die unsere Zeit noch nicht vorgedrungen zu sein scheint. Der Naturpark von Brière erstreckt sich heute über eine Fläche von etwa 7000 Hektar moorigen Landes, durchzogen von zahllosen kleinen Kanälen, die über lange Zeit die einzigen Verkehrswege dieser Region waren. Heute verlaufen einige Straßen mit Brücken durch diese Gegend, doch insgesamt hat sich die Landschaft seit der Zeit, als sie ***Alphonse de Châteaubriand*** inspirierte, kaum verändert: »Ein Frachtkahn in seinem Kranz aus gekräuselten Wellen durchquert diesen Weg der Wunder, auf dem sich das Blau des Himmels zwischen den beiden schwarzen, torfigen Ufern spiegelt. Eine Krone aus alten, knorrigen Bäumen, in der sich Ulmen und Weiden vermählen, spendet Schatten und ist zugleich Schmuck und Schutz vor dem Sturm.« Die Brière ist noch heute das Revier der Flachbodenboote, in denen sich die Briérons mit Hilfe langer Stangen, »pigouille« genannt, im Wasser voranstaken.

Zwischen den flachen Ufern, die kaum aus dem Wasser aufragen, findet man felsige Inseln, auf denen Dörfer entstanden sind. Durch eine Verordnung, die auf das 15. Jahrhundert zurück geht, sind die Briérons gemeinsam Besitzer dieses Sumpfgebietes. Diese Besonderheit führen die Briérons auf ihre ungewöhnliche Herkunft zurück: Der erste von ihnen soll in einem Schiffchen aus Schilfrohr zur Welt gekommen sein. Ursprünglich lebten die Menschen hier von der Jagd und von der Fischerei. Später legten sie Feuchtflächen trocken, um Torf zu stechen und Schilfrohr zu schneiden. Heute ist der Tourismus die Haupterwerbsquelle. Das Maison de l'Eclusier am Kanal de Rosé oder die restaurierten Strohdachhäuser des Weilers Kerhinet erzählen noch heute davon, wie man hier einmal gelebt hat. Auf der Insel Fédrun, auf der auch die Verwaltung des Parkes liegt, ist in der Chaumière briéronne die Rekonstruktion einer typischen Einrichtung zu besichtigen, während in der alten Bürgermeisterei eine Sammlung von Orangenblüten aus Wachs präsentiert wird. Im 19. Jahrhundert hatten sich die Frauen des Nachbardorfs Saint-Joachim auf die Herstellung dieses Schmuckes spezialisiert.

Grande Brière

Die »bretonische Camargue« mit ihren zahlreichen Kanälen ist glücklicherweise den Naturliebhabern vorbehalten. Ihre Inseln haben sich größtenteils ihren traditionellen Charme bewahrt – man findet dort weiß gekalkte Häuser unter niedrigen Strohdächern. Dieses Paradies der Jäger und Fischer besitzt eine zeitlose Schönheit.

Auf Fédrun gibt es, ebenso wie auf Pendille, Mazin, Ménac und den anderen Inseln, zahlreiche der traditionellen, weiß gekalkten Strohdachhäuser. Am Ende eines kleinen Gartens ersetzt noch heute ein Steg

mit einem Boot das Auto. Im Norden liegt die Kirche La-Chapelle-des-Marais mit einer Statue des ***Saint Cornely***, dem Schutzparton der Rinder. Liebhaber von Flora und Fauna finden in Saint-Malo-de-Guersac ein großes Tierreservat, wo man in aller Ruhe Vögel und andere Sumpfbewohner beobachten kann, wie es aus dem Schutz des Unterholzes auch die Enten- und Schnepfenjäger tun.

Das Grenzgebiet der Bretagne

Im Norden von Brière lag lange Zeit unentdeckt das Feudalschloss von Ranrouët. Dichte Vegetation hatte seine Mauern überwuchert, bis man sich daran machte, sie frei zu legen. Der Sitz der Familie ***Rieux***, die zu den mächtigsten in der Bretagne zählte, wurde zwischen dem 12. und 17. Jahrhundert mehrfach verstärkt. Dann ließ ***Richelieu*** das Schloss, das auch unter der Revolution erheblich litt, zerstören. Heute zeugen die enthaupteten Türme hinter dem halbkreisförmigen Wassergraben von der Bedeutung, die das Schloss für die Verteidigung der bretonischen Grenze einmal hatte.

Das Schloss Châteaubriant an der Grenze des Anjou liegt mitten im Wasser der Chère. Die Anlage, die mehrfach umgebaut wurde, besteht heute aus zwei Komplexen: dem alten Schloss aus dem 11. Jahrhundert, von dem noch ein solider, quadratischer Wachturm erhalten ist, sowie dem neuen Schloss, das während der Renaissance entstand. Im 16. Jahrhundert wurde die Schlossherrin ***Françoise de Foix*** von ***Clément Marot***, dem offiziellen Hofdichter ***François' I.***, in dessen *Epitaphes* besungen. Mit ihrer Schönheit hatte sie tatsächlich den König betört, dem es trotz seiner eifersüchtigen Ehefrau gelang, ihre Gunst zu erwerben.

Auch Ancenis am Ufer der Loire zählte zu den bedeutendsten Festungen der bretonischen Grenze. ***Herzogin Anne*** ordnete im Jahre 1490 die Zerstörung dieses Feudalschlosses an. Der Anlass dazu war möglicherweise ein Vertrag, den ***François II.*** in diesen Mauern unterzeichnet hatte, nachdem es ***Ludwig XI.*** gelungen war, das Herzogtum Bretagne zu unterwerfen. Das Schloss, von dem hier heute noch Überreste zu sehen sind, wurde zwischen dem 15. und 16. Jahrhundert wieder aufgebaut.

Hinter seinen Weinbergen, auf denen 30 Kilometer von Nantes entfernt Muscadet angebaut wird, liegt Clisson, der südlichste Ort der Bretagne. Die strategisch günstige Lage hat zur Entstehung eines Feudalschlosses geführt, das noch immer am Zusammenfluss der Sèvre und der Moine über der Stadt aufragt. ***François II.***, der eine besondere Bindung an Clisson hatte, heiratete hier im Jahre 1471 ***Marguerite de Foix*** und ließ die Anlage erweitern. Später musste das Schloss heftigen Angriffen Stand halten. Während der Glaubenskriege wurde Clisson von den Truppen des künftigen ***Henri IV.*** belagert, während der Revolution bedrängten die Republikaner das Schloss, das den Vendéens eine sichere Zuflucht bot. Ein Jahr später, 1794, setzten ***General Tureau*** und seine »brigades infernales« die Stadt in Flammen und veranstalteten ein Massaker, bei dem sie auch Frauen und Kinder nicht verschonten. Die Bevölkerung war dadurch so verschreckt, dass sie für Jahre die Stadt verließ. Nur wenige Bauten sind der Zerstörung entgangen, darunter die Markthalle aus dem 15. Jahrhundert, die Reste

Die Kapelle von Châteaubriant

An der Grenze zum Anjou gelegen, besaß Châteaubriant – ebenso wie Vitré, Fougères oder Ancenis – schon seit dem 11. Jahrhundert eine Festung, die der Verteidigung der bretonischen Grenze diente. Nach seiner Verwüstung im 15. Jahrhundert wurde das Schloss im 16. Jahrhundert wieder aufgebaut. Es ist ein schlichter, harmonischer Bau mit eleganten Säulengängen und Dekorationen aus Schiefer. Fabelwesen wachen über dem Eingang der romanischen Kapelle, die zur Anlage gehört. Durch hohe Fenster mit schönen Rosettenmotiven fällt Licht ins Innere der Kapelle, die ebenfalls während der Renaissance wieder aufgebaut wurde.

einiger romanischer Kirchen oder Kapellen sowie zwei Brücken über den Fluss.

Als die Stadt sich schließlich wieder erholte, wurde der Wiederaufbau fast völlig drei Architekten anvertraut, deren Stil stark von ihren Reisen nach Italien beeinflusst war. Sie verwendeten für die Dächer Ziegel, die viel flacher als die üblichen Dachziegel der Region waren, und dekorierten die Häuser mit Säulengängen und farbig gestalteten Fassaden. So kam Clisson zu dem schönen Beinamen »Tivoli des Westens«.

Robert Surcouf,
um 1801

SURCOUF UND SEINE SCHIFFE

Die französische Marine hat seit jeher die Wehrhaftigkeit der Bretagne zu schätzen gewusst, besonders die von Saint-Malo, der Stadt der Händler und Abenteurer. Nach so vielen namhaften Kapitänen und Besatzungen, nach Porcon und Duguay-Trouin, nun also Robert Surcouf. Frankreich wird zahlreiche leichte Schiffe bewaffnen, die gut ausgerüstet sind und von den besten Seeleuten geführt werden: den Korsaren.

Am Ende des 18. Jahrhunderts, während der Revolution und des Kaiserreiches, wird Surcouf sich zu einem der größten Künstler dieses Geschäfts entwickeln.

Von 1806 bis 1810 ist die Vormachtstellung der britischen Marine nahezu unangefochten. 1810 umfasst die englische Flotte rund 20 000 Schiffe! Auf der anderen Seite stehen die Korsaren unter der französischen Flagge. Und sie treten in diesen ungleichen Kampf ein, indem sie auf den Handelslinien des Feindes Unruhe stiften – im englischen Kanal, im Atlantischen Ozean, vor allem aber im Indischen Ozean.

»Es gibt keinen schwereren und anstrengenderen Beruf als den des Seemanns. Dieser Menschenschlag in seiner so bescheidenen Kleidung, zeigt durch seine harte und gefährliche Arbeit zugleich größten Mut, äußerste Kraft und unvergleichliche Geschicklichkeit.«[1]

Der Name Surcouf wurde schnell berühmt, vor allem in britischen Kreisen, wo man mit Furcht und Bewunderung von ihm sprach. Robert hatte seine Kindheit in Saint-Malo und Cancale verbracht, trat in die Fußstapfen seiner Vorfahren und fuhr schon mit 13 Jahren zur See. Seine Brüder Charles und Nicolas waren ausgezeichnete Kapitäne, die ihm später helfen sollten. Er stammte aus einer Familie mit fünf Kindern und hatte selbst ebenso viele Nachkommen. Von 1796 bis 1809 war er der Herr über 47 Schiffe und ihre wertvolle Ladung.

Später wurde er Reeder und bestimmte von 1815 bis 1826 über mehr als 18 Großsegler auf dem Weg nach Afrika, Arabien, Indien, Brasilien, Kuba, Martinique, Kanada und Patagonien. Surcouf, der sich stets seine Unabhängigkeit bewahrte, verdient, dass man sich wegen seiner Schiffe, seiner Unternehmungen und seines Charakters an ihn erinnert. Mit 31 Jahren war er einer der ersten Ritter der Ehrenlegion (1804).

»Das unendliche Meer – eines der überzeugendsten unter allen Symbolen der Unendlichkeit – hat im Laufe der Geschichte auf der Erde, wo die sterblichen Menschen atmen und wieder verschwinden, unsterbliche Städte ausgewählt.«[2] Saint-Malo ist eine von ihnen.

Das Leben des berühmten Surcouf verkörpert in seiner Gesamtheit eine großartige Lebensbeziehung zum Meer ...

Wind von vorn oder von querab, die Flagge hoch und die Pinne geradeaus:

Klar zum Entern!

Es leben der König, die Nation und der Kaiser!

DAN LAILLER

[1] Chevalier de COTIGNOU und LACROIX de VAGNAS

[2] Dominique PONNAU

Mit der leichten ***Cartier*** greift Surcouf die ***Triton*** an, einen Ostindienfahrer mit 1000 Tonnen Ladung und 26 Zwölfpfündern.
29. Januar 1796

Surcouf überwältigt mit der ***Clarisse*** die ***Louisia***
und schlägt die ***Mercury*** in die Flucht.
5. Januar 1800

DAN LAILLER pxt

Mit der ***Confiance*** entkommt Surcouf
durch eine List der Fregatte ***Sybille***.
April 1800

Die ***Confiance*** (130 Mann Besatzung) greift das 1200-Tonnen-Vollschiff ***Kent*** mit 28 Kanonen und 400 Mann Besatzung an. Nach einem heftigen Kampf unterliegt die ***Kent***.
7. Oktober 1800

Die ***Revenant*** im Kampf mit dem englischen
Sklavenschiff ***Ann.***
10. März 1807

Die ***Revenant*** überwältigt vor Orissa die ***Fortune***.
29. Oktober 1807

Surcouf sticht mit der ***Charles*** von der Isle-de-France in See und dringt nach 76 Seetagen in Solidor ein.
Februar 1809

Der Kutter ***Renard*** unter Kapitän E. Leroux-Descrochettes greift die englische Corvette ***Alphéa*** an.
9. September 1813

Nach einem heftigen Kampf gelingt es ihm, die Corvette zu versenken.
10. September 1813

In jämmerlichem Zustand erreicht der Kutter ***Renard*** den normannischen Hafen Dielette.
10. September 1813

Grönland, 20. Juli 1932: einer der letzten Neufundland-Fahrer

KLEINES BRETONISCHES WÖRTERBUCH

ABHANG: roz
ABRUPT: serz, sounn, a-bik
ABTEI: abati
ADDITION: kenavo, kimiad
AJONC: lann
ALPHABET: lizerenneg
ALT: koz
ANGENEHM: plijaduruz, dudiuz
ANKER: eor
APRIL: ebrel
ARCHIPEL: enezeg
ARTISAN: micherour
AUFRECHNEN: kenstrolla
AUGUST: eost
BACH: gwaz
BÄR: arz
BÄUME: gwez
BLAU: glaz
BOIS: koad
BOOT, SCHIFF: bag
BRETAGNE: Breiz
BRUNNEN: stivell
BRUYÈRE: brug
BÜRGERMEISTEREI: ti-kêr
BUTTER: amann
CALVAIRE: kalvar
CARNAC: Karnag
CIDRE: chistr
CORNOUAILLE: kerne
DENKMAL: savadur
DEZEMBER: kerzu
DICHTUNG: barzoniez
DOLMEN: taol-ven
DRUIDE: drouiz
EBENE: lann
EICHE: dervenn
EMPFANG: digemer
ENGLISCH: Saoz
ENTE: houad
ERDE: douar
FEBRUAR: c'hwevrer
FEE: korriganez
FELD: park, meziou (aus Parzellen)
FELSEN: roc'h
FELSKÜSTE: tornaot
FEST: gouel
FLUSS: ster, aven
FRAU: maouez
FREUND: mignon
GEBIRGE: menez
GEGNER, FEIND: eneber
GETRÄNK: bod
GINSTER: balan
GIPFEL: kern
GROSS: braz
GROSSVATER/-MUTTER: tad-koz
GROTTE: c'hev, mougeo
GRÜN: glaz (bei Pflanzen), gwér
GUT: mad
HANDLUNG (oder handeln): ober
HARFE: telenn
HAUS: ti (Bauernhaus: penn-ti)
HEIDEKRAUT: faouenn
HOCH: uhel
HÜGEL: menez, bre, run
INSEL: enez
JAHR: bloavez
JANUAR: genver
JULI: gouere
JUNI: even
KALENDER: deiziadur
KAP: bég-douar
KATHEDRALE: iliz-veur
KELTISCH: kel
KIEFER: binenn
KIRCHE: iliz
KLEIN: bihan
KOBOLD: korrik
KORMORAN: morvran
KREIS: kelh, ruill

KREUZUNG: kroaz-hent
KUCHEN: kouign
KÜSTE: arvor
LA TRINITÈ-SUR-MER: an Dreinded
LACHE: poull
LAND, VATERLAND: bro
LAND: mêz
LANDZUNGE: beg (oder penn)
LANG: hir
LEGENDE: marvaill
LEUCHTTURM: tour-tan
LICHT: goulou, sklerijenn
LINKS: kleiz
LORIENT: an Oriant
MAI: mae
MANN: gwaz
MÄRZ: meurz
MEER: mor
MEERENGE: raz
MENHIR: peulvan
MISTEL: uhel-varr
MOND: loar
MORGENDÄMMERUNG: goulou-deiz
MÖWE: skrev
MÜNDUNG: aber
MUTTER: mann
NACHT: noz
NANTES: an Naoned
NEU: nevez
NOVEMBER: du
OKTOBER: here
ORIENT: sav-heol
OZEAN: mor-braz
PFERD: marc'h
PILGER: pelerin, pardoner
PONT-L'ABBÉ: Pont-'n-Abad
QUELLE: andon, mammenn
RECHNUNG: kenstrolladur
RECHTS: dehou
RIFF: karreg
ROT: ruz
SAND (oder Strand): trêz
SCHICKSAL: tonkadur
SCHLOSS: kâstell
SCHUTZ: kled, goudor, gwasked, bod
SCHWARZ: du
SEE: lenn
SEPTEMBER: gwengolo
SIRENE: morgan
SONNE: heol
SPRACHE: yéz
STADT, DORF (oder wichtiges Haus): kêr
STEIN: mên
STROH: soul
STROHDACH: ti-zoul
STRÖMUNG: froud
SUMPF: yeun (Salzsumpf: palud-holen)
TAG: deiz
TAG-UND-NACHTGLEICHE: keded
TAL: stankenn
TANG: bezhin
TEICH: loc'h, stank
TIEF: don
TRUHE: arh
TUMULUS: krug
UNTEN (oder Süden): izel
VATER: tad
VERKLAGEN: kas en-dro
VIEH: chatal
WASSER: dour
WEG: hent
WEISS: gwenn
WEIZEN: gwiniz
WESTEN: kuz-heol
WIND: avel
WOCHE: sizun
ZUFLUCHT: toull
ZUFLUSS: adster
ZUNEIGUNG, LIEBE: karantez
ZUSAMMENFLUSS: kemper

BIBLIOGRAFIE

Anhäuser, Uwe
Bretagne, 1997

Baumann, Siegfried
Bretagne – Land der Gegensätze, 1996

Bentley, James
Die schönsten Dörfer der Bretagne, 1999

Berger, Marianne R.
Sprachkontakt in der Bretagne – Sprachloyalität versus Sprachwandel, 1988

Brugger, Wolfgang
Normandie/Bretagne, 1991

Ebeling, Hermann
Bretagne, 1993

Eigendorf, Katrin
Bretagne, 1998

Engel, Jürgen
Mit dem Wohnmobil in die Bretagne, 1994

Frühwald, Ulrike / Ramschak, Petra
Familien-Reiseführer Bretagne, 2000

Gerlach, Edith
Kulinarische Reiseskizzen Bretagne, 1994

Habel, Joachim
Von den Megalithkulturen über die Kelten zu König Artus, 1987

Hülle, Werner
Steinmale der Bretagne, 1989

Kissel, Renate
Zu Gast in der Bretagne, 1993

Dühnfort, Erika
Yvain, der Löwenritter, 1985

Harig, Ludwig
Gauguins Bretagne, 1998

Markale, Jean
Im Zauberwald der Bretagne. Auf Merlins Spuren, 1991

Pollmann, Bernhard
Wanderungen in der Bretagne, 1996

Stock, Franz
Die Bretagne – Ein Erlebnis, 1996

Terhat, Franjo / Reil, Andreas
Die Bretagne – Eine Reise zu Merlin & Morgana, 1998

Terhat, Franjo
Die Löwin der Bretagne, 1999

LA BRETAGNE fut preservée des Insultes des Anglois et Hollandois par le bon ordre qui a porta son Altesse Royale MONSIEUR Frere Vnique du ROY en 1693.
PARTIE DE LA
OCEAN
EVECHE ET COM. DE S.T POL DE LEON
EVECHE ET COMTE DE
BASSE
LIEUTENANCE GE
EVECHE DE
QUIMPERCORENTIN
MER DE
LA PROVINCE ou DUCHE de
BRETAGNE
Divisée en deux Grandes Parties, qui sont
La HAUTE, et la BASSE BRETAGNE
Le Gouvernement General de BRETAGNE, Comprenant les
LIEUTENANCES GENERALES de BRETAGNE
et du COMTÉ NANTOIS.
La Lieutenance Generale de BRETAGNE est partagée en
LIEVTENANCES de ROY de HAVTE et de BASSE BRETAGNE
qui sont subdivisées en plusieurs EVECHEZ.
Dressée sur divers Memoires Nouveaux du S.r Tillemon
et Dediée
A SON ALTESSE ROYALE MONSIEUR
FILS DE FRANCE, FRERE VNIQUE DU ROY, ET DUC D'ORLEANS.
par son tres humble et tres obeissant serviteur Jean B. Nolin.
A PARIS
Chez I.B Nolin sur le Quay de l'Horloge du Palais, a l'Enseigne de la Place des Victoires, Vers le Pont Neuf.
Avec Privilege du Roy.
1695
EXPLICATION DES MARQUES ET DES LETTRES SEULES
Eveché
Abbaye
H.S.B. Abbaye d'Homes S.t Benoist
H.S.A. Abbaye d'Homes S.t Augustin
H.P. Abbaye d'Homes Premontré
H.C. Abbaye d'Homes Cisteaux
F.S.B. Abbaye de Filles S.t Benoist
Chapitres
Chapelle
Parlement
Vniversité
Monnoye
Chambre des Comptes
Presidial
Election, ou Recepte
Barre Royale
Gouvernement particulier
Chateau
P. Principauté
D. Duché
M. Marquisat
Bar. Baronie
C. Comté
Vic. Viccomté
Hotellerie
Port de Mer, et bon Ancrage
Rochers descouverts
++ Rochers sous l'Eau
ESCHELLES
REMARQUES SUR LES ESCHELLES